Arena-Taschenbuch
Band 1823

Reiner Engelmann,
1952 geboren, studierte Sozialpädagogik und absolvierte eine sonderpädagogische Zusatzausbildung. Er arbeitet seit 1977 an einer Schule für Lernbehinderte und führt seit 1983 Lehrerfortbildungen – mit den Schwerpunkten Leseförderung, Umweltbildung, Menschenrechtserziehung, Jugend und Gewalt – in verschiedenen Institutionen der Lehrerfortbildung durch.

Weitere Arena-Taschenbücher unter der Herausgeberschaft von Reiner Engelmann:
»Morgen kann es zu spät sein«
Texte gegen Gewalt – für Toleranz (Band 1766)
»Tatort Klassenzimmer«
Texte gegen Gewalt in der Schule (Band 1784)
»Heute die Zukunft beginnen«
Texte für ein besseres Morgen (Band 1785)
»Fluchtwege«
Texte zum Thema Drogen/Sucht (Band 1822)

Reiner Engelmann (Hrsg.)

Alles so schön bunt hier!

Texte über den Umgang mit den Medien

Arena

Die Deutsche Bibliothek – CIP-Einheitsaufnahme
Alles so schön bunt hier!
Texte über den Umgang mit den Medien /
Reiner Engelmann (Hrsg.).
– Orig.-Ausg. – Würzburg : Arena 1996
(Arena-Taschenbuch: Bd. 1823)
ISBN 3-401-01823-X

Der Titel »Alles so schön bunt hier!«
wurde mit freundlicher Genehmigung von Nina Hagen
dem Lied »TV-Glotzer« entnommen.

1. Auflage dieser Anthologie als
Arena-Taschenbuch 1996 als Originalausgabe
im Arena-Taschenbuchprogramm

Umschlaggestaltung: Bernhard Hartlieb unter Verwendung
eines Fotos von Louie Psikoyos
Gesamtherstellung: Westermann Druck Zwickau GmbH
ISSN 0518-4002
ISBN 3-401-01823-X

Inhalt

IV Medienwerkstätten

Vorwort

Im September 1995 gingen zwei Zahlen durch die Presse, die für die Beurteilung des zukünftigen Medienverhaltens und der Medienentwicklung in Deutschland von einigem Interesse sind.
Eines der führenden deutschen demoskopischen Institute (EMNID) berichtete, daß mehr als ein Drittel der jungen Deutschen kaum noch oder gar nicht mehr läsen. Zum anderen berichteten die Medien, daß sich im vergangenen Jahr die Zahl der Personal Computer weltweit verdoppelt habe und im Jahr 1997 bereits jeder zweite deutsche Haushalt einen PC besitze, von denen annähernd 90% über ein CD-ROM-Laufwerk verfügen würden. Die multimediale Erschließung unserer Gesellschaft, die von der wirtschaftlichen Aktivität der Medienunternehmen und Kommunikationskonzerne vorangetrieben wird, hat also unerwartet

rasch die sogenannte technologische Durststrecke zurückgelegt. Anschluß an die Datenautobahn und Multimedia für alle – heißt das dann auch Anschluß an die alltägliche Informationskultur für alle?

Die Forschung zum Leseverhalten in Deutschland hat uns bereits seit einiger Zeit warnende Hinweise über die bedrohliche Entwicklung des Lesevermögens, des Leseverständnisses und der sozialen Wertschätzung des Lesens gegeben. Professor Rainer Lehmann hat in seiner umfassenden Studie zum Leseverhalten und zum Leseverständnis von mehr als 12.000 Kindern und Jugendlichen der dritten und achten Klassen, die an 550 deutschen Schulen durchgeführt wurde, erstmals in der Geschichte der Bundesrepublik empirisch harte, zu großer Besorgnis Anlaß gebende Fakten aufgearbeitet. Zwei Beispiele: Mehr als 35% der Schüler am Ende der achten Klasse bezeichnen sich selbst als »sehr schwache« Leser. Rund 20% aller Schüler am Ende der achten Klasse sind der Studie zufolge geradezu als »buchfeindlich« einzustufen. Auf 230 Seiten belegt die Studie, daß an der Schwelle der Informationsgesellschaft offensichtlich mehr als ein Drittel gerade der Heranwachsenden dabei sind, die fundamentale Kulturtechnik des Lesens, Schlüssel für jegliche Karriere und die Entwicklung der Persönlichkeit, aus freien Stücken – oder aber medial verlockt – preiszugeben.

Die Kulturnation Deutschland, das Hochtechnologieland Deutschland darf dies unter keinen Umständen zulassen. In der Leseförderung liegt viel Arbeit vor uns – und sie ist unabdingbar und möglichst rasch zu leisten, denn: Durch das Nadelöhr des Lesens, des kompetenten Umgangs mit dem Informations- und Unterhaltungsangebot, geht die Zukunft unserer Kulturnation und die des Wirtschaftsstandortes Deutschland mit seiner hohen sozialen Harmonie. Wer regelmäßig liest, der spricht, handelt und entscheidet im persönlichen und beruflichen Bereich kompetent. Die Lesepersönlichkeit ist das Desiderat der Informationsgesellschaft.

Wenn nun also das Lesen in eine bedrängte und gefährdete Situation gekommen ist, so hat dies mit der medialen Realität in unserem Lande zu tun. Wo die Familien nur noch um das elektronische Lagerfeuer sitzen, entsteht nicht Gemeinsamkeit, sondern Vereinzelung. *Lesen ist Familiensache,* vertritt die Stiftung Lesen in ihrer täglichen Arbeit – aber es ist insgesamt eine soziale Aufgabe aller Erziehenden, das Lesen als Kreativität, Phantasie und Freude förderndes Erlebnis zu inszenieren.

Das hier von Herrn Engelmann vorgelegte Buch ist ein überzeugendes Votum für die Bedeutung der Leseförderung – und eine Skizze der Felder, auf denen im pädagogischen Bereich rascher Handlungsbedarf besteht. Die Stiftung Lesen wünscht dem Buch den Erfolg, welchen es verdient – und dem Autor viele Leser, vor allen Dingen auch aus dem pädagogischen Bereich.

Prof. Dr. Klaus Ring
– Geschäftsführer der Stiftung Lesen –

HANS-MARTIN GROSSE-OETRINGHAUS

Medienkids – weltweit

Eigene Medien – ein Kinderrecht

Kinder und Jugendliche, die dieses Buch lesen, nehmen ein Recht wahr, das ihnen in der Kinderrechtskonvention der Vereinten Nationen zugesprochen wird. Dort wurden 1989 die Rechte der Kinder festgeschrieben. Zu ihnen zählen zum Beispiel das Recht auf Gleichheit, das Recht auf Ernährung, Kleidung und Wohnung, das Recht auf Gesundheit, das Recht auf Frieden, das Recht auf Bildung, das Recht auf kulturelle Identität, das Recht auf Schutz vor Ausbeutung, das Recht auf soziale Sicherheit und viele andere Rechte mehr. Auch das Recht auf eine eigene Meinung und den Zugang zu Informationen gehört dazu. In Artikel 17 werden die Vertragsstaaten aufgefordert, »Informationen und Material zu verbreiten, die für das Kind von sozialem und kulturellem Nutzen sind«. Insbesondere wird auf die Wichtigkeit von Kinderbüchern hingewiesen.

Das hört sich trocken und langweilig an, wie Vertragstexte nun mal sind. Das Spannende aber ist: Überall auf der Welt beginnen Kinder, dieses Recht für sich in Anspruch zu nehmen. Sie erstellen ihre eigenen Medien. Auch in Afrika, Asien und Lateinamerika gibt es solche Kinder: die Medienkids des Südens.

Hallo, Tausendfüßler

»Ich wohne in den Mietskasernen«, schreibt Rene. »Die Leute sind sehr arm. Aber wir helfen einander.« Diese Sätze eines farbigen Grundschülers aus Kapstadt kann man in der südafrikanischen Kinderzeitschrift *Molo Songololo* lesen. Der Name kommt aus Xhosa, einer Sprache, die viele Menschen in Südafrika sprechen. Er bedeutet: »Hallo, Tausendfüßler«. Die vielen Füße dieses Tieres sind ein schönes Bild für die große Zahl der Kinder, die bei dieser Zeitschrift mitmachen.
Molo Songololo richtet sich an Kinder aller Hautfarben. Kinder, die wegen der Politik der Rassentrennung in Südafrika nie miteinander in Kontakt kamen, können über diese Zeitschrift voneinander erfahren. Sich gegenseitig kennenzulernen, von den Freuden und Sorgen des anderen zu erfahren, dazu ließ die Apartheidspolitik kaum Raum. Sie trennte die Menschen ihres Landes, statt sie zusammenzubringen. Und sie ordnete Menschen auf einer Stufenleiter ein, auf der die Weißen oben und die Schwarzen unten waren. Heute ist die Rassentrennung abgeschafft. Aber die Gräben,

die sie zwischen den Kindern der verschiedenen Bevölkerungsgruppen gezogen hat, sind damit ja nicht plötzlich verschwunden. Sie zu überwinden ist eine große Aufgabe des neuen Südafrika. *Molo Songololo* will dabei mithelfen. Neben Renes Bericht sind Briefe und Erfahrungen von Anastasia, Michelle, Luntu und Judy abgedruckt. Renes Brief ist auf englisch, Michelle schreibt Afrikaans, und Judy und Luntu berichten in Xhosa. Was sie zu sagen haben, wird in vielen Klassenräumen im Unterricht besprochen und mit den eigenen Erfahrungen verglichen. Jede Ausgabe des Kindermagazins hat ein Thema – in diesem Fall die Umwelt der Kinder. In anderen Ausgaben geht es um Drogen, um das Leben von Straßenkindern, um Tiere, um Gesundheit, um Aids, um Kinderrechte. Und es gibt immer Rätsel, Geschichten, ein großes Poster und Seiten zum Lernen der drei Sprachen, in denen die Zeitung verfaßt ist. Das Zeitungsprojekt für Kinder zwischen sechs und vierzehn Jahren ist für schwarze Schülerinnen und Schüler sehr wichtig, da es immer noch wenig Unterrichtsmaterial für sie gibt. Inzwischen setzt sich *Molo Songololo* auch für Straßenkinder ein und organisiert Aktionen zur Durchsetzung von Kinderrechten.

Nasims Chance

Nasim lebt in Juhapura. Das Elendsviertel erstreckt sich im Süden der indischen Dreimillionenstadt Ahmedabad. Weil ihre Eltern arbeiten müssen, sind viele der etwa 4000 Kinder von Juhapura tagsüber auf sich selbst gestellt. Oft müssen sie die Schule wieder verlassen, um mit für den Unterhalt zu sorgen. Bei Nasim ist es ähnlich. Weil sie ihrer Mutter im Haushalt helfen muß, kann sie die Schule nur sehr unregelmäßig besuchen. An drei Tagen in der Woche, wenn ihre Mutter arbeiten geht, muß Nasim den Haushalt ganz allein führen.

Wenn es ihre Hausarbeit zuläßt, besucht Nasim die normale staatliche Schule. Als sie acht Jahre alt war, mußte sie sie allerdings für zwei Jahre wieder verlassen. Ihre Eltern waren der Ansicht, daß ihre Arbeit zu Hause nötiger sei als der Schulbesuch. Außerdem war der Schulbesuch kostspielig. Doch mit der Zeit schaffte Nasim etwas, was nur wenigen Mädchen gelingt: Sie konnte ihren Vater davon überzeugen, daß es richtig war, sie wieder zur Schule zu schicken. Heute erhält sie sogar genügend Zeit, ihre Schulaufgaben zu machen. Das hat sie der Kinderorganisation SARJAN zu verdanken. An deren Aktivitäten nimmt sie jetzt regelmäßig teil.

Nasim lernt musizieren, malen, basteln. Dazu benutzen sie und die anderen Kinder vor allem das, was nicht viel kostet: große Faserpinsel, die Finger, Kartoffelstempel und Zeitungspapier. Daraus kann man nicht nur Pappmachéfiguren wie Elefanten und Vögel herstellen, sondern sogar Musikinstrumente. SARJAN hat erkannt, daß es für zahlreiche Kinder notwendig ist, Geld zu verdienen. Darum versucht das Projekt, die Förderung des Ideenreichtums mit dem Geldverdienen zu verbinden. Die Kinder malen Grußkarten oder kleben sie aus gepreßten Blumen und ausgeschnittenen Figuren. Die Karten können sie dann verkaufen.

Um die eigene Ausdruckskraft zu üben, spielen die Kinder Theater. Einmal in der Woche lesen die Kinder mit Hilfe der Lehrerin indische Tageszeitungen. Anschließend wird diskutiert. Das Ergebnis dieser Gespräche läßt sich später mit nach Hause nehmen: eine eigene, selbstgemachte Kinderzeitung. In ihr halten die Kinder fest, was ihnen besonders wichtig erscheint.
SARJAN bedeutet Schöpfung. Hinter diesem hoffnungsvollen Namen verbirgt sich der Versuch, auch den benachteiligten Kindern eine Chance zu geben, sich frei zu entfalten, und ihre schöpferischen Fähigkeiten zu fördern. Das ist kein Vorrecht der Reichen, meint SARJAN. Ohne Angst vor Lehrern zu lernen und selbstbewußtes Handeln ebensowenig. In den öffentlichen Schulen sollen sie meist theoretisches Wissen büffeln. Der Alltag der Kinder und ihre Lebensbedingungen bleiben draußen. Bei SARJAN ist das anders. Hier stehen die Kinder selbst im Mittelpunkt und lernen Selbstvertrauen gewinnen. Die Kinder können erfahren, daß sie selbst etwas Schönes und Nützliches schaffen können, ihre eigene Zeitung zum Beispiel. Und, was noch viel wichtiger ist, daß sie selbst etwas wert sind. Das ist Nasims Chance.

Frei wie die Drachen am Himmel

Guatemala. Samstag morgen. 11.30 Uhr. Kanal 3. Die Erkennungsmelodie ist schwungvoll. Während ein Jugendlicher das peppige Lied singt, basteln Jüngere an farben-

frohen und formenreichen Drachen. Dann laufen alle auf die Wiese. Die Drachen steigen auf. Das Lied geht weiter. »Wir wollen frei sein wie die Drachen am Himmel.« Es ist die Erkennungsmelodie des Kinderprogramms *Barriletes* aus Guatemala. Von einer solchen Freiheit sind die meisten Kinder des Landes jedoch weit entfernt. Vielmehr wird ihr Leben oft von Armut und harter Arbeit bestimmt. Um so stärker ist ihr Traum, diese ganze Last abzuschütteln und frei zu schweben wie die Drachen. Die Barriletes sind in den letzten Monaten des Jahres überall in Guatemala am Himmel zu sehen. Manche sind aus buntem Papier, andere lediglich aus alten Plastiktüten erstellt. Viele Kinder aber haben gar keine Zeit, solche Barriletes zu basteln und steigen zu lassen.
200 000 Kinder im Alter zwischen zehn und vierzehn Jahren, so schätzt man, müssen in Guatemala Geld verdienen, statt zu spielen oder die Schule zu besuchen. Einer von ihnen ist Alex. Er muß Holz in die Stadt bringen und verkaufen. Das Projekt SODIFAG setzt sich dafür ein, daß das anders wird. In ihm engagieren sich Lehrer, aber auch ehrenamtliche Jugendliche, und unterrichten Kinder und Jugendliche wie Alex in Lesen und Schreiben. Sie sollen die Chance bekommen, einen Schulabschluß zu machen, um später einen Beruf ergreifen zu können, in dem sie mehr verdienen können. In der Hauptstadt Guatemalas arbeitet zudem eine Kinderkooperative mit Druckerei, Schreibwaren- und Gemüsehandel, Blumenbinderei, Schreinerei und Weberei, mit Schuhputzern und Autowäschern. Und es gibt sogar eine Kinderzeitung, ein Kinderradio und Kinderfernsehen. Das Einkommen für alle be-

teiligten Kinder ist nicht hoch. Doch wer bei dieser Arbeit mitmacht, bekommt ein Mittagessen, entwickelt handwerkliche Fertigkeiten, besucht halbtags die Schule und wird kostenlos gesundheitlich betreut.

Barriletes heißt die Zeitung, die das Redaktionsteam erstellt, und genauso nennt sich das Rundfunk- und Fernsehprogramm. Die jungen Medienmacherinnen und -macher sind zwischen elf und achtzehn Jahre alt. Ohne die Erwachsenen geht es allerdings nicht, im Fernsehbereich noch weniger als bei der Zeitung. Die Kameras sind nur geliehen, und die Fernsehanstalten würden Kindern die teuren Geräte nicht überlassen. Zudem sind die Vorkenntnisse, Fähigkeiten und Fertigkeiten der Medienkids natürlich sehr unterschiedlich. Aber das Lernen bei der Medienproduktion ist das Entscheidende: Interviews zu führen, die eigene Meinung zu Papier zu bringen, Ereignisse und Probleme zu kommentieren, eine Sendung anzusagen oder gar in die Rolle eines Schauspielers zu schlüpfen muß hart geübt und erlernt werden.

Die Zeitung hat eine Auflage von 25 000 Exemplaren und erscheint alle zwei Monate. Zeitungsjungen in der Vertriebsabteilung der Kooperative vertreiben sie für 50 Centavo (ca. 30 Pfennig). Für viele ist allerdings selbst ein solcher Preis unbezahlbar. Die Redaktionskinder nehmen ihre Zeitung selbstverständlich auch mit in die Schule. Dort werden die Texte besprochen. Mutmachendes Lob, neue Ideen und Kritik bringen die jungen Redakteurinnen und Redakteure dann wieder zurück an ihren Arbeitsplatz.

So entstehen Nachrichten zu den wichtigsten Fragen von

Kindern in Guatemala, Kommentare, Informationen zu Kultur, Wissenschaft, Politik, Umwelt, Naturmedizin und Sport. Auch Rätsel und Comics, Bastelanleitungen und Malideen fehlen nicht. Bei allem steht die Erfahrungswelt der arbeitenden Kinder im Mittelpunkt, denn darin kennen sich die jungen Medienmacherinnen und -macher aus. Schließlich ist es ihre eigene.
Aus ihren Erfahrungen leiten sie Forderungen ab. So schreibt der kleine Mardoqueo Israel Petz in einem Kommentar: »Ich denke, daß wir Kinder die gleichen Rechte haben sollten wie die Erwachsenen. Wir haben ein Recht darauf, beachtet und respektiert zu werden, unabhängig von der sozialen Klasse, der wir angehören. Ich glaube, daß wir bei verschiedenen Aktivitäten dabeisein sollten, denn auch wir Kinder sind Bürger dieses Landes. Ich finde, daß man Kinder nicht ausbeuten darf, indem man sie die Arbeit von Erwachsenen machen läßt.«
Nicht anders verhält es sich bei den Kindern des Radioteams. Sie produzieren gemeinsam mit den Erwachsenen zwei Sendungen pro Woche: eine für Kinder und eine für Erwachsene. In der Kindersendung bringen sie vor allem Musik, Geschichten, Reportagen, Interviews, Rätsel, praktische Tips, Nachrichten und Informationen.
Auch im Fernsehprogramm spielt Musik eine wichtige Rolle. An jedem Samstagmorgen um 11.30 Uhr ertönt die Erkennungsmelodie »Wir wollen frei sein wie die Drachen am Himmel.« Aber die jungen Fernsehleute belassen es nicht nur beim Träumen. Damit ihr Traum sich ein Stück weit verwirklichen kann, bringen sie in ihren Sendungen Kinderrechtsfragen, Umweltthemen, gesellschaftliche Ent-

wicklungen und damit Dinge aus ihrem konkreten Alltag zur Sprache. Dadurch wurde ihre Sendung zur beliebtesten Kindersendung des Landes.
Die Medienkids von *Barriletes* nehmen ganz selbstverständlich ein Recht für sich in Anspruch, das die Kinderrechtskonvention ihnen einräumt. Damit der Traum Wirklichkeit werden kann: frei sein wie die Drachen am Himmel.

In eigener Sache

Die Medienkids von *Molo Songololo,* SARJAN und SODIFAG werden bei ihrer Arbeit von der Kinderhilfsorganisation *terre des hommes* unterstützt, wie zahlreiche andere Gruppen und Selbsthilfeinitiativen auch. Damit die Menschen bei uns von solchen interessanten und mutmachenden Projekten erfahren, ist es wichtig, daß *terre des hommes* selbst Medienarbeit betreibt. Um vor allem auch junge Menschen zu erreichen, wurde die Stelle eines Medienpädagogen eingerichtet. Diese Aufgabe habe ich vor über zehn Jahren übernommen. Im Vordergrund meiner Arbeit stehen dabei Medien, die in der Schule eingesetzt werden können und zudem möglichst einfach und preiswert sind. Dazu zählen kostenlose Unterrichtsbögen mit Ideen für den Unterricht, Diabücher, also Kinderbücher, die neben einer Geschichte auch Dias enthalten, Diaserien, die kostenlos verliehen werden, Poster und vereinzelt auch Videos. Oder auch Aktenordnerausstellungen, die Fotos und kurze Texte im DIN-A4-Format enthalten, in einen Ordner passen und ebenfalls kostenlos ausgeliehen werden können. *terre des hommes* hat auch noch Diaschauen für Schulen entwickelt. Zu allen Medien gibt es spezielle Listen, die die verschiedenen Materialien vorstellen. Jeder kann sich die Listen und Materialien von *terre des hommes* zusenden lassen (terre des hommes, Ruppenkampstraße 11 a, Postfach 4126, 49031 Osnabrück, Spendenkonto 700, Osnabrücker Volksbank eG).

Die Reaktionen auf diese Medien zeigen mir immer wieder, daß sie nicht nur informieren, sondern auch etwas in Gang setzen können: Aktionen, Projektwochen an Schulen, konkrete Unterstützungsarbeit wie im Rahmen der *Aktion Schülersolidarität*, bei der alle Klassen, die Lust haben, mitmachen können. Oft regen die Medien Schülerinnen und Schüler sogar an, das, was sie selbst erfahren haben, weiterzugeben und anderen mitzuteilen. Dabei entstehen nicht selten eigene Medien. Ich freue mich immer, wenn so etwas gelingt.

Neben meiner Arbeit als Medienpädagoge bin ich auch noch als Kinder- und Jugendbuchautor tätig. Auch dabei interessieren mich vor allem Schicksale von jungen Menschen in Afrika, Asien und Lateinamerika. Besonders wichtig finde ich, immer wieder darüber zu berichten, welche Power in ihnen steckt, welche Phantasie und Kreativität sie besitzen, wie sie beginnen, sich zusammenzuschließen, um sich gemeinsam besser für ihre Rechte einzusetzen, zum Beispiel für das Recht auf solche Medien, die ihre Rechte und Interessen berücksichtigen. Diese Kids legen die Hände nicht einfach in den Schoß. Sie versuchen vielmehr, das

Leben in die eigenen Hände zu nehmen, aktiv zu werden, sich dafür einzusetzen, daß diese Welt besser wird. Können Medien eine schönere Aufgabe haben?

I

Lesen, lesen . . .

Achim Bröger

»Die Kinder lesen nicht mehr!«

Vor einiger Zeit sah ich die Anzeige einer großen Firma. Ein Buch lag im Papierkorb. Daneben stand ein Computer. Kinder spielten voller Lust an ihm und nicht mit dem Gedanken, das Buch aus dem Papierkorb zu holen und darin zu lesen.

Wenn wir dieser Anzeige glauben, gibt es keine lesenden Kinder mehr. Allerdings stammt die Anzeige von einem Computerhersteller. Vielleicht hat er sie nach seinem Wunschbild gestaltet. Oder stimmt es, was er behauptet?

Ich kenne Lehrer, die ihm recht geben. Mir fällt eine Lehrerin ein, die ich in einer Schule traf, an der ich zu Lesungen eingeladen war. Sie sagte: »Es wird schwierig für Sie. Die Kinder hier lesen heute nicht mehr. Sie wissen ja, das Fernsehen, die Kassetten, Computer und Comics. Keine Chance fürs Lesen.«

Na ja, es war wieder die ewig gleich klingende Litanei. Das

war der Beweis. Wer sollte es sonst wissen? Die Frau ist Deutsch-Fachleiterin in einer Schule, also kompetent. Ich ging in die Klasse und sprach mit den Kindern über Bücher, Filme usw. Die knappe Hälfte dieser Elfjährigen behauptete doch glatt und unverfroren, sie hätte in letzter Zeit durchaus häufig gelesen, nannte Titel und Autoren, sprach ausführlich über die Bücher.

Sie erzählten aber auch, daß sie am Tag vorher Fernsehfilme gesehen hatten, erzählten voller Begeisterung von den Filmen. Kassetten hatten sie gehört, etliche hatten am Computer gespielt oder gearbeitet.

Videogeräte waren fast überall in diesen Familien vorhanden, allerdings von den Kindern kaum benutzt worden.

Diese Erfahrungen mache ich übrigens bei Kindern sehr häufig und seit vielen Jahren, jedenfalls bei einigermaßen durchschnittlichen sozialen Verhältnissen.

Ich habe den Eindruck, Kinder gehen mit den Medien im allgemeinen sehr selbstverständlich um. Sie gehören zu ihrem Leben, und sie nutzen sie. Und sie machen die Erfahrung, daß ein Medium nicht schlechter oder besser für sie ist als das andere. Sie sagen – und ich schließe mich ihnen an –, es gibt schöne Filme. Es gibt blöde Filme. Es gibt tolle Bücher, es gibt blöde Bücher.

Zurück zur Fachfrau »Deutsch«. Sie konnte nicht auf sich sitzenlassen, daß die Kinder behaupteten, sie hätten gelesen. Sie rief einen wunderschönen Satz in die Runde. Der hieß: »Lügt nicht, ihr lest nicht!«

Wirklich! Es war so!

Diese Trotzköpfe beharrten aber darauf, daß sie lesen. Soll-

te sich die Fachleiterin »Deutsch« fast ein Jahr lang nicht mit dem Leseverhalten – so sagt man doch? – ihrer Schüler beschäftigt haben? Das würde sicher auch bedeuten, daß sie nicht *ein* Buch besprochen, empfohlen und mit den Kindern gelesen oder angelesen hätte.
Vielleicht hat ihre so markant vorgetragene Aussage »Kinder lesen nicht mehr« – ja nur etwas mit ihrem Nichtwissen zu tun und mit ihrem Desinteresse an der Vermittlung von Kinder- und Jugendliteratur. Und hat ihr Nichtwissen, neben persönlichem Desinteresse, vielleicht auch etwas mit ihrer Ausbildung als Lehrerin zu tun? Ist sie eventuell von ihren Professoren und Dozenten nichtwissend gemacht worden, weil etliche von ihnen auch viel zuwenig darüber wissen? Bleiben wir weiter bei ihrem Satz »Kinder lesen heute nicht mehr«. Diese Frau und viele Gleichgesinnte haben den Satz weitergereicht. Er ist inzwischen unter anderem auch bei dem Bürgermeister einer Stadt gelandet. Der hat ihn geglaubt und als Mann der Tat Konsequenzen daraus gezogen, und die Konsequenzen hat er vor Journalisten, Lehrern, Bibliothekaren, Buchhändlern und mir verkündet. Er sagte: »Wie wir alle wissen . . . Kinder lesen heute nicht mehr. Früher, ja . . . da wurde gelesen.« Der Bürgermeister schloß logisch: »Weil das so ist, brauchen wir eigentlich nur einen sehr geringen Bibliotheksetat für Neuanschaffungen der Kinder- und Jugendbibliothek. Den können wir uns bis auf einen kleinen Rest sparen. Wozu Bücher? Sie werden ja sowieso nicht gelesen.«
So entstehen Behauptungen, entsteht Geschwätz, das Nichtwissen verbreitet. Das kann zu politischen Folgen

führen, nämlich erheblichen Kürzungen des Anschaffungsetats ... siehe oben. Diese Folge hat zur Folge, daß weniger Bücher angeschafft werden, und das hat zur Folge, daß nun wirklich weniger gelesen wird, denn der Anschaffungsetat einer Kinder- und Jugendbibliothek bestimmt das Leseverhalten der Kinder und Jugendlichen nicht unwesentlich mit. Anders betrachtet: Steigt der Anschaffungsetat, wird fast immer mehr ausgeliehen und gelesen. Übrigens ... wann waren denn früher die goldenen Lesezeiten? Von denen wird im Vergleich zu heute ja immer ausgegangen, wenn man sagt: »Heute lesen Kinder nicht mehr.« Waren sie vor dem Krieg, die goldenen Lesezeiten? Als es kaum Literatur für Kinder gab und häufig die Haltung »Kinder, sitzt nicht da und lest, sondern tut was.« Oder waren die goldenen Lesezeiten nach dem Krieg, also vor dem Beginn der Fernsehzeit? Wohl eher nicht, bei den Bibliotheken von damals, der Literatur, die es gab, und dem Geld, das dafür vorhanden war.
Also, das waren sie doch wohl auch nicht, die goldenen Lesezeiten. Aber es muß sie doch einfach gegeben haben. Ich frage mich nur immer wieder, wann?
Wenn man inzwischen davon ausgeht, daß ich diesen Satz »Kinder lesen heute kaum noch« (das ist schon eine abgeschwächte Form) nicht glaube, hat man recht.
Was brauchen wir, damit dieser Satz keine Wirklichkeit wird? Wir brauchen Menschen, die nicht klagend solche Sätze ausstoßen und ansonsten nichts tun. Nötig sind Leute, die sich einlassen auf Bücher für Kinder, die sich begeistern lassen von ihnen und ihre Begeisterung auf Kinder übertragen. Und wir haben ein breites Spektrum an Kin-

derliteratur, von dem man sich begeistern lassen kann, wenn man es nur zuläßt.

Als Einschub: Ich habe kürzlich in einem größeren Dorf einen alten Schulleiter kennengelernt, der schon etliche Jahre pensioniert ist. Er erzählte mir voller Begeisterung, daß er jede Menge interessante, lesenswerte Kinderbücher entdeckt und gelesen hat. Dann erzählte er mir, daß er jetzt die Schulbibliothek leite, die gleichzeitig Gemeindebücherei ist.

»Wissen Sie«, sagte er, »früher konnte man bei uns nicht lesen. Das galt als faul. Es war verpönt. Aber jetzt ... zu mir kommt die Hälfte der Grundschüler und leiht sich Bücher aus. Diese Kinder sind die Gruppe, die hier am häufigsten auftaucht.« Übrigens ... genau das höre ich in vielen Bibliotheken. Der alte Schulleiter zeigte mir dann voller Stolz »seine Bibliothek«.

Auf der gleichen Lesereise traf ich eine Lehrerin, die mir ihre Klassenbibliothek und die gemütliche Leseecke zeigte. Das alles hatte sie mit ihren Kindern und den Eltern aufgebaut. »Und sie wird benutzt«, sagte sie.

Solche Beispiele von Engagement erlebe ich immer wieder. Zum Glück.

Ich behaupte, es gibt keinen literarischen Zweig, der eine solch interessante Entwicklung erlebt hat wie die Kinder- und Jugendliteratur der letzten – na, sagen wir mal – fünfundzwanzig Jahre. Einige Kritiker, Wissenschaftler, Lehrer, Eltern usw. haben das erkannt, aber leider wirklich nur einige.

Ich denke, früher gab es einzelne spannende, witzige, unterhaltende Bücher, auch etliche Sachbücher. Aber die Kinder- und Jugendliteratur bestand vor allem aus Auslassungen, thematischen und formalen. Man traute dem kindlichen Publikum nicht zu, sich mit schwierigen Themen zu beschäftigen. Heute trauen wir den Kindern das zu, und die Autorinnen und Autoren trauen es sich zu, über solche Themen zu schreiben. Die Kinder können jetzt in der Vielfalt der Literatur ihre literarischen Bedürfnisse entdecken. Und sie können auch entdecken, daß sich diese Bedürfnisse ständig ändern.

Stellt euch vor: Ein Kind wächst mit Eltern auf, bei denen Bücher selbstverständlich sind, die lesen und vorlesen. Und zwar nicht, weil das eine lästige Pflicht ist, sondern eine lustvolle Sache.

Sie lesen vor und zeigen Bilder, an denen sie selbst Spaß haben, und diesen Spaß übertragen sie auf ihre Kinder. Dieses Kind kommt dann zu Kindergärtnerinnen, die genauso lustvoll mit Büchern umgehen können wie die vorher genannten Eltern. Danach kommt das Kind in eine Schule, in der Bücher zum Schulalltag gehören, eventuell gibt es dort eine Leseecke und natürlich vor allem Lehrer, die begeistert von Büchern sind und es wichtig finden, ihre Begeisterung weiterzugeben.

Eine Bitte an die Eltern, Kindergärtnerinnen und Lehrer. Bringt den Kinder nicht bei: »Lesen ist gut, weil ich dann in Rechtschreibung und Aufsatz gut werde.« Diesen Satz höre ich leider sehr häufig von ungern lesenden Kindern. Woher haben die solche Weisheiten nur? Und ihr solltet – liebe Erzieher – mit Büchern nicht vor allem erziehen und Kindern etwas beibringen wollen. Euer absichtsvoller Umgang mit Büchern belastet das Lesen und macht Kinder eher störrisch. Seid erst mal zufrieden, wenn Kinder Freude und Lust an Büchern, an Sprache entdecken. Mehr nicht. Das wäre eine Menge.

Noch ein paar Sätze an die Erzieher: Nicht das Thema macht Kinderliteratur aus, ist der Maßstab für diese Literatur. Leider höre ich noch viel zu häufig: Ach, interessante Geschichte. Da geht's um Gewässerverschmutzung oder so was. Sehr gut, kann ich einsetzen. Autoren als Verpackungsspezialisten für Leute, die Material suchen, um zu unterrichten, zu erziehen.

Nein, dazu sollten wir uns nicht degradieren lassen. Noch einmal: Wir brauchen Menschen, die lustvoll, kreativ, begeistert mit Literatur für Kinder umgehen, weil sie selbst Literatur so erfahren.

Zu den Ansteckend-Begeisterten sollten natürlich Bibliothekare gehören. Die dürfen nicht hinter den Regalen träumen und hoffen, daß die Ausleihzahlen schon irgendwie steigen. Sie müssen etwas wissen über die Literatur für Kinder und über die Möglichkeiten ihrer Vermittlung, und sie müssen ihr Wissen weitergeben.

Buchhändler sind nötig, die den kindlichen Leser ernst nehmen. Leider wird die Kundschaft von morgen in etlichen Buchhandlungen immer noch im letzten Winkel und vom jüngsten Auszubildenden beraten, wenn man das überhaupt so nennen kann.

Sie werden nicht deswegen von ihm beraten, weil der nun besonders viel über Kinder- und Jugendliteratur weiß, sondern weil man meint, für Kinder reicht's. Wer so denkt, unterschätzt Kinder und Jugendliche und ihre Literatur. Und wer so denkt, darf sich nicht wundern, wenn irgend-

wann keine neue Kundschaft mehr in seinen Laden kommt.
Selbstverständlich brauchen wir Politiker, die sich für Bibliotheken einsetzen. So etwas gibt es immer wieder einmal. Es gibt sogar Politiker, die unter anderem Kinder- und Jugendbücher lesen, die sich davon berühren lassen. Vielleicht wissen die mehr über die Menschen, über ihre Realität, über ihre Wünsche, Träume, Sehnsüchte als andere Politiker. Wie wäre das – wollen wir unseren Politikern Kinderbücher schenken?
Leider haben Politiker in den letzten Jahren immer wieder dafür gesorgt, daß es für manche Kinder schwieriger wird, Bücher zu lesen.
Das geht einfach. Über Etatkürzungen haben wir ja schon gesprochen. Aber man kann zum Beispiel auch immer mehr Stadtbibliotheken schließen, was ja eifrig getan wird. Natürlich gibt es dann weniger Leser.
Man kann Gebühren für die Ausleihen verlangen. Man kann überhaupt viel tun, was den Umgang mit Literatur erschwert. Das Argument für solches Tun ist fast immer Geldmangel. Man hat in einem Jahr aber durchaus Bibliotheken aus Geldmangel geschlossen und gleichzeitig das Evangeliar Heinrichs des Löwen ersteigert, ein Buch für über 40 Millionen Mark. Mit diesen Millionen würden sich viele Bibliotheken halten lassen.
Nichts gegen das Evangeliar. Aber dieses Beispiel zeigt, es ist Geld da, wenn der Öffentlichkeit und den Politikern eine Sache etwas wert ist.
Investitionen für unsere Kinder und ihre Möglichkeiten sind entscheidende Investitionen.

Es sollte uns eine Menge wert sein, daß Kinder lesen. Ich habe immer wieder mit Kindern gesprochen, und viele wissen, welchen Wert Bücher für sie haben. Sie haben sie entdeckt und sagen: Lesen ist toll . . . weil du dich mit deiner Phantasie in die Figuren hineindenken kannst . . . weil du mit Büchern träumen kannst . . . weil du mit Büchern nicht allein bist . . . weil du neue Dinge erfährst und entdeckst . . . weil du deine Bücher immer wieder nehmen und sie noch mal lesen kannst und noch mal . . . weil Bücher wie Freunde sein können . . . weil sie dich überraschen . . . weil sich Wörter und Sätze in deinem Kopf zu eigenen Bildern verwandeln, die du dir genau vorstellen kannst . . . weil du dabei Dinge erfährst, die du schon immer gedacht, aber nie gesagt hast.

Ein Kind erzählte mir: »Manchmal liege ich abends im Bett, und da knackt es plötzlich in meinem Zimmer. Ich erschrecke und habe Angst. Dann lese ich . . . und meine Angst ist verschwunden.« Auch ihm macht das Lesen Spaß. Es ist ein Spaß, den das Kind an diesem Abend sehr nötig braucht. Und es ist mehr als Spaß, den es daran hat. Lesen macht Spaß . . . und mehr als das.

Das alles sagen Kinder, weil es ihre Erfahrungen sind. Solche Erfahrungen sollten wir möglichst viele Kinder machen lassen.

Manchmal werde ich gefragt: »Schreiben Sie nur für Kinder und Jugendliche?«

»Ja«, antworte ich, »ich schreibe zur Zeit nur für Kinder und Jugendliche, und ich finde meine Arbeit spannend und wichtig, dieses Schreiben für zukünftige Erwachsene, von denen wir heutigen Erwachsenen später abhängen werden.«

Zum Schluß: Ihr heute Erwachsenen, laßt euch begeistert ein auf eure Kinder und ihre Literatur. Setzt euch für sie ein. Es lohnt sich. Wenn ihr das tut, wird das Gerücht von den medienverdorbenen, nichtlesenden Kindern sicher ein Gerücht bleiben.

Arnulf Zitelmann

Lesen, eine Drogenkarriere

Abhängige kennen dieses scheußliche Gefühl – die Angst, daß einem der Stoff ausgeht. Mit dem Lesestoff geht's mir nicht anders. Angenommen, alle Bücher würden mit einem Schlag von der Welt verschwinden, dann müßte ich mich an die Marmeladenetiketten halten. Also, ich frage mich im Ernst, gibt es ein schöneres Gefühl, als sich von einem dicken Schmöker gefangennehmen zu lassen? Ja, natürlich, das Leben hält jede Menge von Hoch- und Lustgefühlen bereit. Aber keins, das tagelang, nächtelang anhält, pausenlos, wie eben das Lesen. Tolkiens *Der Herr der Ringe* fällt mir etwa ein. Bei einem Urlaub habe ich das Buch in drei Nächten hintereinander verschlungen. Und noch heute kriege ich heiße Ohren, wenn ich an dies nächtliche Leseabenteuer zurückdenke. Gut, ich hätte statt dessen auch in die Disco gehen können, und Tolkien war eben auch ein Glücksfall. So oder so, auch Bücher sind jedenfalls

Drogen, wenigstens für mich. In dem *Handbuch der Rauschdrogen* von Wolfgang Schmidbauer lese ich dazu: »Die Drogen öffnen eine Tür, die aus dem Gehäuse der Identität herausführt; wer diese Tür aber zu oft durchschreitet, gelangt nur in ein anderes Gehäuse, das leicht zum Gefängnis werden kann.« Diese Definition trifft auf Leselust genauso zu. Bücher erweitern mein Bewußtsein, entführen in Phantasiewelten, lassen mich den Alltag vergessen: zu Risiken und Nebenwirkungen fragen Sie Ihren Bibliothekar oder den Buchhändler.

Meine Leselustkarriere hat irgendwann in der Grundschulzeit begonnen. Dabei habe ich mich mit der Fibel schwer getan. Ohrfeigen und Prügel hat es dabei gesetzt. Der kleine Junge schaffte es einfach nicht, Buchstaben zu Wörtern zusammenzuziehen. Und als ich dann den Trick beherrschte, gab es keine Kinder- und Jugendbücher. Es war Hitlerzeit, die Bücher von Erich Kästner zum Beispiel hatten die Nazis verbrannt, ich las sie erst später mit meinen eigenen Kindern. Aus lauter Verzweiflung habe ich mich als Kind über die Bücher der Erwachsenen hergemacht. Mit neun Jahren geriet ich an Ganghofer, der im vorigen Jahrhundert unsägliche Heimatromane zu Papier gebracht hatte. Vermutlich begriff ich nur jeden dritten Satz, aber das genügte, mir den Kick zu geben. Ich war abhängig geworden. Seit dieser Zeit hängte ich am Gedruckten wie andere an der Nadel. Später kam Karl May dazu. Doch dessen Bücher waren sündhaft teuer, man bekam sie bestenfalls von guten Freunden ausgeliehen. Meine Schwestern lasen die beliebten *Nesthäkchen*-Romane, eine öde Lektüre für Jungen. Die wurden mit deutschen Heldensagen bedacht, beziehungs-

weise mit zeitgenössischer Gesinnungsliteratur, der *Hitlerjunge Quax* fällt mir dabei ein. Als einziges Jugendbuch aus dieser Zeit ist mir Stevensons *Schatzinsel* nachdrücklich in Erinnerung geblieben, ein glänzend erzählter exotischer Abenteuerroman. Ja, und dann eben die Erwachsenenbücher. Felix Dahn, *Ein Kampf um Rom*, ein historischer Roman von mehr als tausend Seiten, verschloß sich mir leider, das Buch war zu gelehrt geschrieben. Um so mehr entzückte mich das *Decamerone*, eine farbige Lektüre, die mich in das hochmittelalterliche Florenz entführte – doch im Versteck zu lesen, denn der sinnenfrohe Boccaccio war kein Lesestoff für einen elfjährigen Jungen. Zu meinem Leidwesen war das Buch dann auch wirklich eines Tages auf Nimmerwiedersehen verschwunden. Bei der Suche nach dem verschollenen Boccaccio stieß ich auf den Roman *Hypatia* von Charles Kingsley. Der Verfasser zeichnete darin das Schicksal der großen spätantiken Philosophin nach, die von einer fanatisierten Mönchsbande auf bestialische Weise umgebracht wurde. Ihr Schicksal rührte den Elfjährigen zu Tränen. Ich habe das Buch mit dem gelben Leineneinband nie wieder vergessen, und später habe ich dann selbst Hypatias Geschichte neu für unsere Zeit erzählt.
Inzwischen hatte der Krieg begonnen. Schulen brannten aus und wurden im Rahmen der »Kinderlandverschickung« ausgelagert. Morgens Unterricht, nachmittags Hitlerjugenddienst, abends frühzeitig Bettruhe, und dazwischen ein wenig Freizeit, so ist mir der Tagesplan im Gedächtnis geblieben. Und bis heute nicht vergessen sind die alltäglichen Schikanen der Braunhemden. Überdies war es eine völlig bücherlose Zeit. Es existierte zum Beispiel

keine Lagerbibliothek, und Bücher zu kaufen gab es auch nicht. Mir ist ein Rätsel, wie ich die viereinhalb Jahre Kinderlandverschickung ohne Gedrucktes überstanden habe. Nun, ich hatte wenigstens meine Tagebücher, die ich mit Hingabe führte, der Anfang einer eigenen Buchproduktion. Das hat möglicherweise den Büchermangel etwas ausgeglichen.

Die ersten Nachkriegsjahre waren schwarz wie das Leben heute in Mostar oder Sarajewo. Aber die Amerikaner waren für mich als Befreier gekommen. Wer weiß, anders hätte auch ich mein Ende in einem der Jugendkonzentrationslager gefunden. Und dann brachten die GIs Bücher mit. Damals bekam ich die ersten Taschenbücher in die Hand, Wegwerfartikel amerikanischer Soldaten. Ich sammelte halbverdreckte Cowboyromane, quälte mich ohne Wörterbuch durch die fremde Sprache, verstand, schon wieder wie bei Ganghofer, höchstens jeden dritten Satz, aber ich lernte Englisch hinzu, und, noch wichtiger, ich hatte endlich wieder Lesefutter.

Wenig später öffneten in den Städten die ersten »Amerikahäuser«, kulturelle Begegnungsstätten mit reich ausgestatteten Bibliotheken. In einem wahren Leserausch habe ich mich dort im Lauf der Jahre durch diverse Bücherberge hindurchgefressen. Mein Nachholbedarf war einfach riesengroß. Alles, was Hitler von seinen Deutschen ferngehalten hatte, vom Jazz bis zur Psychoanalyse, kehrte in das kulturell verödete Deutschland zurück, Louis Armstrong, Sigmund Freud. Und mein Kopf reagierte mit einem wahren Feuerwerk von stürmischen Glücksgefühlen, ich hatte die Inseln der Seligen entdeckt. Astronomie, Geschichts-

wissenschaft, die Werke der Weltliteratur warteten auf mich, Bücher englischer, französischer, russischer Autoren standen griffbereit in den Regalen, waren kostenlos auszuleihen, die ganze deutsche Exilliteratur. Ich zehre bis zu diesem Tag von jenem Leserausch. Thomas Mann ist mir damals zu einem meiner verläßlichsten Lebensbegleiter geworden. Mein Lesetempo steigerte sich schließlich derart, daß mich gelegentlich Angst befiel, ich könnte eines Tages keinen Lesestoff mehr finden. Die Angst eines Junkies. Ich begann mir als Schüler eine Notreserve von ungelesenen Büchern anzulegen. Dazu gehörten unter anderem die *Buddenbrooks*, die den literarischen Weltruhm von Thomas Mann begründeten. Ich habe die *Buddenbrooks* bis heute nicht gelesen, notfalls soll das Buch mir später in den Sarg gelegt werden. Spleeniger geht's schon nicht mehr.
Wie viele Bücher mag ich im Lauf von Jahrzehnten gelesen haben? Ich vermag es nicht halbwegs abzuschätzen. Aber es müssen Millionen von Druckseiten gewesen sein. Lyrik, wissenschaftliche Arbeiten, Krimis, literarische Romane, Unterhaltungsliteratur, Fantasiestories und anderes mehr, ich habe nichts ausgelassen. Thomas Mann ist einer meiner bevorzugten Autoren geblieben, dann mag ich die Gedichte von Sarah Kirsch und Gottfried Benn, und immer wieder berühren mich *Die Brüder Löwenherz* der Astrid Lindgren. Sie alle, die ungezählten Autorinnen und Autoren, haben mich geprägt, meine Biographie erweitert. Ich wüßte nicht, wer ich heute wäre ohne sie, und ich bin ihnen allen, den erinnerten, aber auch den vergessenen Buchschreibern, dankbar für geschenktes Leben. Ich kann mir darum eigentlich nicht vorstellen, irgendwann vom Lesen genug zu

haben. Dann wäre ich ja doch mit dem Leben fertig, und das bin ich noch längst nicht, denn ich stehe immer noch auf den Zehenspitzen. Und trotzdem, ich frage mich, wann ich endlich weise genug sein werde, um mit drei, vier Büchern im Jahr auszukommen.
Aber wie sollte das zugehen? Weil alles im Werden ist, gibt es eben keine letzten Wahrheiten, auch nicht das ultimative Buch. Also lese ich weiter, gewiß zur Freude der Verleger und Buchhändler. Warum auch nicht? Was Büchern guttut, tut schließlich auch mir gut.

Regina Rusch

Für Kinder jederzeit geöffnet

Leseförderung am Beispiel eines Stadtteils

Wenn Kinder Spaß am Lesen finden sollen, dann müssen die Bücher zu den Kindern kommen und nicht umgekehrt. In Frankfurt, der Stadt der Buchmesse und Verlage, haben Kinder und Eltern ebenso viele Hürden zu überspringen, um Zugang zu Büchern zu finden, wie in anderen Gemeinden auch. In vielen Stadtteilen gibt es weder eine Buchhandlung noch eine öffentliche Bücherei. Oft sind nicht einmal bescheidenste kulturelle Angebote für Kinder vorhanden. So war es auch in Kalbach, einem ehemals dörflichen Vorort am nördlichen Stadtrand. Vor 13 Jahren haben sich dort erwachsene Bücherwürmer zusammengetan, um das kulturelle Brachland kräftig umzupflügen. Inzwischen gedeihen hier das ganze Jahr über viele Aktionen rund ums Kinderbuch. Diese Aktivitäten haben keinen Exklusivcharakter – im Gegenteil. Sie sind nachmachbar, einzeln oder als Ganzes, in kleinen und größeren Ortschaften ebenso wie an Schulen, durch eine Handvoll Engagierter oder durch eine vielköpfige Gruppe. Gewiß sind sie nicht kostenlos zu haben, aber die Kosten beziehen sich erst in zweiter Linie auf Geldleistungen. Zuallererst müssen Zeit, Engagement und Phantasie »investiert« werden.

Das Lieblingskind der lesebegeisterten Frankfurter Eltern, die sich im »Kinderverein Kalbach« zusammengefunden hatten, kam vor über zehn Jahren auf die Welt. Im November 1985 wurde erstmals die zweitägige »Kalbacher Kinderbuchmesse« eröffnet, die seitdem jedes Jahr stattfindet. Aus den Neuerscheinungen des Jahres wurden 300 Romane, Sachbücher, Comics und Kinder-Kassetten ausgewählt, um Kindern und Eltern Anregungen für den weihnachtlichen Wunschzettel zu geben. Eine befreundete Buchhandlung stellt sämtliche Titel zur Verfügung und wird dafür mit einem inzwischen nicht unerheblichen Umsatz belohnt. Es handelt sich schließlich nicht um eine reine Ausstellung, sondern um eine Verkaufs- und Bestell-Messe.

Von Anfang an gehörten zu diesem Bücherfest natürlich Autorenlesungen – Gudrun Pausewang, Martin Auer, Tilman Röhrig und viele andere haben ihre Lesungen zu eindrucksvollen Begegnungen zwischen Kindern und Literaten gemacht. Bilderbuch-Kino, Vorlesen, Bücherquiz und Kinderfilme bilden stets ein umfangreiches Beiprogramm. Zum Schmökern darf ein »Literatur-Cafe« ebensowenig fehlen wie Malen, Basteln oder auch Verkleiden. Dutzende von »Pippi Langstrumpfs«, »Pumuckls«, »Doppelten Lottchen« und »Kleinen Tigern« tobten durch die Veranstaltungsräume, als das Schwerpunktthema »Mein Klassiker« lautete. Zu solchen Schwerpunktthemen (zum Beispiel Umwelt, Krimis, Zukunft u. a.) werden jeweils entsprechende Bücher an einem zusätzlichen Stand vorgestellt. Die kahle Turnhalle des Stadtteils wird zur Kinderbuchmesse jedesmal in einen Raum der Phantasie verwandelt. So hing der Hallen-Himmel einmal buchstäblich voller Bücher, mußten Krimi-Freunde in einem Kerker schmachten, konnte man auf einem echten, öffentlichen Klo Platz nehmen (»Lesen kann man überall . . .«), und im letzten Jahr, als das Thema Arbeit & Beruf auf dem Programm stand, führten Handwerker aus dem Ort den Kindern ihre Künste vor.

Die Buchstände sind sinnvollerweise herkömmlich aufgeteilt: nach Bilderbüchern, Sachbüchern, Romanen und Erzählungen sowie nach Kalendern und Weihnachtsbüchern. Zusätzlich gibt es seit einigen Jahren einen langen Tisch für absolute Büchernarren. Dort können sie zeigen, welche Werke sie zu ihrem persönlichen Hobby gesammelt haben. Eine kleine Auswahl: Bücher über Römer, über Katzen, über Pferde oder übers alte Ägypten.

Für Kinder, Eltern und Großeltern aus Kalbach und den umliegenden Stadtteilen zählt die Buchmesse im November inzwischen zu den mit Spannung erwarteten Höhepunkten des Jahres, genauso wie die Kerb (Kirchweih) oder das Feuerwehrfest. Rund 2000 Besucher kommen jedes Jahr, und viele schauen an diesen zwei Tagen mehrmals herein. Auch über den Stadtteil hinaus ist die »kleine« Frankfurter Buchmesse längst zu einer festen Einrichtung geworden. Leseförderer aus der Stadt, Bibliothekarinnen, Pädagogen und Autoren aus ganz Hessen treffen sich hier, holen sich Anregungen und tauschen Erfahrungen aus.

Der Erfolg der ersten Buchmesse weckte bei Kindern und Eltern den Wunsch, das ganze Jahr über die Nasen in Bücher stecken zu können. Deshalb entstand 1986 die »Schmökerkiste«, ein wöchentlicher Treffpunkt, zu dem Kinder ab dem dritten Schuljahr zum Lesen und Vorlesen, zum Reden über Bücher und zum Schreiben eigener Geschichten eingeladen sind. Was zunächst im privaten Wohnzimmer als Leseklub von einigen Mädchen und Jungen begann, mauserte sich zwischenzeitlich zu einer Schreibwerkstatt. Oberstes Gesetz der »Schmökerkiste« ist die Freiwilligkeit. Kein Kind muß zum Termin kommen, wenn es nicht selbst Lust dazu hat. Und auch das »Programm« wird von den Kindern mitgestaltet. So kann sich der Drang zum Lesen (niemand wird kritisiert) und Schreiben (angeblich legasthenische Kinder haben die tollsten Geschichten verfaßt) ungehindert verwirklichen. Je nach Lust und Laune der Kinder, aber auch nach der Zeit der Betreuerinnen, steht mal das Vorlesen, mal das Selberschreiben im Vordergrund. Zeitweise laufen die Aktivitäten parallel, dann wird in der »Schmökerkiste« vorgelesen, und in der »Spinn-Stube« werden Geschichten erfunden. Auf große Begeisterung stießen Lesungen der Kinder aus ihren eigenen Werken, die sie zusätzlich noch als richtiges kleines Buch präsentieren konnten.
Anfangs wurde die »Schmökerkiste« mit Büchern aus Privatbeständen bestückt. Dann spendierte die »Deutsche Le-

segesellschaft«, Vorgängerin der »Stiftung Lesen«, ein großes Buchpaket. Nach einem Aufruf im Stadtteil stifteten Eltern und Kinder ganze Berge von Bücherschätzen, aus denen sie herausgewachsen waren. So kam schnell der Grundstock für eine Ausleihbücherei zusammen, für die der »Kinderverein Kalbach« nach einigen frustrierenden, aber lehrreichen Expeditionen in die Lokalpolitik einen leerstehenden Raum im ehemaligen Rathaus nutzen durfte. Beim Start im Jahr 1988 konnte einmal wöchentlich unter rund 200 Büchern ausgewählt werden. Inzwischen füllen über 3000 Bücher, aber auch Hörkassetten, Comics und Spiele die selbstgebauten Regale bis unter die Decke. Und noch immer wächst der Bestand durch Spenden von Kindern, Eltern und Verlagen sowie durch finanzielle Mittel, die der »Kinderverein« selbst aufbringt. Natürlich steht die Bücherei nicht nur Mitgliedern offen, sondern allen Kindern im Stadtteil. Inzwischen drängeln sich 200 regelmäßige Leser dreimal wöchentlich zu den Ausleihstunden in dem kleinen Raum. Viele, vor allem ausländische Kinder, kommen nicht nur zum Bücherbringen und -holen. Für sie ist die Kinderbücherei zugleich Treffpunkt, Anlaufstelle für Gespräche und oft auch einfach Kuschelecke.

Nicht durchsetzen konnte sich der Versuch, regelmäßig in jedem Monat Autorenlesungen durchzuführen. Solche offenen Veranstaltungen am Nachmittag sind von so vielen Zufälligkeiten abhängig (Fernsehprogramm, Wetter, parallele Veranstaltungen u. ä.), daß der finanzielle und organisatorische Aufwand für freie Träger kaum tragbar ist. Das ist jedenfalls die Erfahrung des »Kindervereins«.

Den vielfältigen Aktivitäten mit Kindern, Büchern und Autoren entschlüpfte 1988 eine neue Idee: »Die Kalbacher Klapperschlange«. Dies ist der erste Preis in der Bundesrepublik, der von einer reinen Kinderjury vergeben wird. Er will gleichermaßen die Lust am Lesen fördern, will gute Kinderbücher herausstellen, indem öffentlich für sie »geklappert« wird. Dieser »Literatur-Preis von Kindern« ist nicht dotiert, er besteht nur in der Ehre, von den jungen Lesern geliebt zu werden. Gerade das macht seinen einzigartigen Reiz für Autoren und Verlage aus. Aber auch für die Kinder, denn sie erfahren, daß ihre Meinung gefragt ist und ihr Urteil ernst genommen wird. In jedem Sommer und Herbst lesen sich bis zu 80 Kinder aus Kalbach und den Nachbarstadtteilen durch eine Auswahl von mindestens 50 Neuerscheinungen. Mindestens fünf Bücher müssen sie mit eigenen Worten beurteilen und mit Punkten bewerten. Selbst für große Lesefans ist dieses Aufschreiben ziemlich schwierig, besonders, wenn sie erst acht Jahre jung sind. Die meisten Kinder schaffen dagegen das Mengenminimum spielend. Oft verschlingen sie weit mehr als zwanzig Bücher. Auf der Kalbacher Kinderbuchmesse im November verkündet die Jury dann, welches Lieblingsbuch sie gewählt hat. Der Autorin oder dem Autor wird eine Ehrenurkunde und natürlich die »Kalbacher Klapperschlange« verliehen. Viele der Ausgezeichneten wurden im Jahr darauf zu einer Lesung auf der Kinderbuchmesse eingeladen. Kirsten Boie, Arnulf Zitelmann, Sigrid Zeevaert, Paul Maar oder Klaus Kordon konnten sich so den Fragen ihrer Kinderjury stellen. Andere Preisträger, wie Roald Dahl und Marita Conlon-McKenna, korrespondierten mit den Kindern. Alle empfanden es als wohltuend, daß sich das Urteil der kindlichen Jury oft auffällig von dem erwachsener Rezensenten oder Juroren unterscheidet.

Nach diesen Erfahrungen und Aktivitäten nimmt es nicht wunder, daß die Legende von der allgemeinen Lesemüdigkeit in Kalbach wenig Anhänger findet. Nur zu oft stimmen gerade jene das Gejammer über den kulturellen Niedergang an, die durchaus die Mittel hätten, selbst etwas dagegen zu tun. »Die Kinder lesen immer weniger«, klagen die Politiker und streichen als erstes die Etats der Büchereien zusammen. »Die Kinder nehmen kein Buch mehr in die Hand«, tadeln manche LehrerInnen und stellen in Vertretungsstunden die Klasse mit Videos ruhig. »Ob unsere Enkel überhaupt noch lesen können?« bangen Bildungsbürger und schalten den Fernseher ein. Wenn Kinder so leicht und spielerisch an Bücher kommen wie an die Fernbedienung des Fernsehers oder die Power-Taste des Spielcomputers, dann ist die Leselust so groß wie eh und je. Aber ebendieses An-die-Bücher-Kommen wird immer schwieriger. Die Reise in die Phantasiewelt eines Romans oder die Entdeckung der realen Welt in einem Kindersachbuch scheitert nur zu oft, weil der Fahrkartenschalter geschlossen ist. »Für Kinder jederzeit geöffnet«, müßte es dort heißen, und wer dies in Eigenhilfe schafft, der wird für viel Arbeit, Geldnöte und Schwierigkeiten auch reichlich belohnt. So darf sich der »Kinderverein Kalbach« seit 1989 »ausgezeichneter Leseförderer« nennen. In jenem Jahr nämlich wurde seinen Mitarbeiterinnen und Mitarbeitern das »Göttinger LeseZeichen« verliehen, weil sie sich »phantasievoll und kontinuierlich bemühen, Kinder an Bücher und Literatur heranzuführen, dabei neue Wege gegangen sind und auch bewährten Aktivitäten neuen Schwung gegeben haben«, wie es in der Begründung der Jury heißt.

Wer selber Veranstaltungen oder Einrichtungen rund ums Lesen ins Leben rufen will, stößt notwendigerweise auf die Frage der Finanzierung. Die anfallenden Kosten wie Raummiete, Werbung, Lesehonorare, Bücheranschaffung und ähnliches richten sich natürlich nach dem Umfang und der Ausdehnung der Aktivitäten. Der »Kinderverein Kalbach« finanziert sich durch Mitgliedsbeiträge und Spenden, vor allem aber durch die kostenlose Arbeit vieler »Ehrenamtlicher«. Bei der Kinderbuchmesse sind jährlich rund 100 Helfer und Helferinnen im Einsatz, die Bücherei, die »Schmökerkiste« und die »Spinn-Stube« werden ehrenamtlich geleitet. Wie überall, wo vergleichbare Arbeit geleistet wird, kann durch den Verkauf von Speisen und Getränken bei Veranstaltungen ein Zusatzgewinn erzielt werden. Es gibt in Kalbach zwar durchaus laufende und manchmal noch projektbezogene städtische Zuschüsse, aber deren Höhe ist in Zeiten der Rotstiftpolitik weder ausreichend noch verläßlich. Außerdem müssen hiervon noch die vielen anderen Unternehmungen des »Kindervereins« abgedeckt werden, zum Beispiel Kindertheater, Musikkurse, Rollenspiele, Ponyfreizeiten, Ausflüge, Vorträge, Workshops, Familienreisen und so weiter. Im Konzept des »Kindervereins« gehört all dieses bewußt zur Leseförderung im weitesten Sinn: Kinder, die mit auf den

Reiterhof fahren konnten, kommen dann auch zur Lesestunde, Theatergucker finden später auch den Weg in die Bücherei oder zu Autorenlesungen. Leseförderung ist Kinderförderung.

ISOLDE HEYNE

Lesefieber

Johanna hatte weiche Knie, als sie hinter den anderen die steile Treppe nach oben stieg. Es schien ihr, als könnte der Saal, der im obersten Stockwerk lag, die vielen Leute gar nicht fassen. Als sie endlich oben ankam, bekam sie kaum Luft. Ich habe Lampenfieber, dachte sie. Am liebsten wäre sie gleich wieder umgekehrt, als sie die vollbesetzten Stuhlreihen sah. Sie hatte das Gefühl, die schweren Deckenbalken müßten gleich herunterkrachen.
»Na endlich! Setz dich auf den fünften Stuhl auf dem Podium.« Der Zirkelleiter nahm von Johannas Aufregung keine Notiz.
Im ersten Augenblick konnte Johanna gar nichts sehen. Von einem der Deckenbalken kam gleißendes Licht aus vielen Punktstrahlern. Die dadurch entstehende Wärme trieb ihr sofort den Schweiß aus allen Poren. Neben ihr saßen Kristin und Jonas. Sie sahen im Licht der starken Punktstrahler

ganz weiß aus. Sicher sehe ich auch wie ein Gespenst aus, dachte Johanna. Mit zitternden Händen zog sie die Manuskriptseiten aus der Klarsichthülle und prüfte zum wiederholten Mal, ob auch alle Seiten in der richtigen Reihenfolge lagen.

Endlich war sie imstand, mehr als nur eine dunkle Masse Publikum zu sehen. Aber ihre Aufregung steigerte sich noch, als sie bekannte Gesichter entdeckte: Ihr Schuldirektor war da, die Deutschlehrerin, sogar der Bürgermeister war gekommen. Und vor all den Leuten sollte sie nun ihre Geschichte vorlesen?

Im literarischen Zirkel, den sie seit zwei Jahren besuchte, bereitete es ihr keine Schwierigkeiten mehr, einen Text vorzulesen. Darüber wurde dann diskutiert, Veränderungen vorgeschlagen, mitunter auch heftig über Formulierungen gestritten. Aber da konnte sie mitreden, sich verteidigen. Hier würde sich niemand darüber äußern, ob ihre Geschichte gut oder schlecht war. Sie würden höflich klatschen, wenn ihr Vortrag zu Ende war, aber ob es ihnen wirklich gefallen hatte, würde sie nie erfahren. Johanna kam sich plötzlich so ausgeliefert vor. Noch nie hatte sie vor so vielen Leuten eine eigene Geschichte vorgelesen. Ich hätte doch das andere Manuskript lesen sollen, nicht so was Ernstes, dachte sie voller Zweifel. Links von ihr wippte Jonas mit dem Fuß. Er war also auch aufgeregt. Kristin knetete ihr Taschentuch zwischen den Händen. Diese Beobachtung ließ Johanna ein wenig ruhiger werden. Wenn es doch endlich losginge!

Der Bürgermeister sprach zuerst. Er hob die Bedeutung dieser Veranstaltung hervor, die ein deutsch-polnisches

Symposium für Kinder- und Jugendliteratur eröffnete, das in den nächsten zwei Tagen in Polen fortgesetzt werden sollte. Eine ganze Anzahl Leute begrüßte er. Johanna wurde es fast schwindlig, als sie die Namen von Professoren hörte und von Autoren, die sie von Büchern her kannte, die auf ihrem Regal standen.

Nach dem Bürgermeister sprachen noch andere, aber Johanna hörte schon nicht mehr hin. In der zweiten Reihe war ihr ein Gesicht aufgefallen, das ihr bekannt vorkam. Klar, das war doch die Schriftstellerin, die schon einmal in ihrer Schule gelesen hatte. Johanna versuchte, sich an den Namen zu erinnern und an das Buch, aus dem die Autorin damals gelesen hatte. Der Name fiel ihr nicht ein. An die Geschichte konnte sie sich noch gut erinnern. Es ging um ein Mädchen, das vor einem halben Jahrhundert den Zweiten Weltkrieg miterlebt hatte. Viel besser als im Geschichtsunterricht wurden ihr durch diese Lesung die Schrecken des Krieges bewußt gemacht. Das waren nicht nur Jahreszahlen und Fakten, sondern auch Gefühle wie Angst und Verzweiflung, Hoffnung auch.

In Johannas Gedanken hinein erklang Musik. Die Reden waren unterdessen zu Ende gegangen, sie hatte kaum noch aufgepaßt. Ob diese Frau, die Schriftstellerin, auch so aufgeregt war, wenn sie vor Schulklassen aus ihren Büchern las? Nicht alle hatten ihr damals aufmerksam zugehört. Johanna erinnerte sich, daß die Frau einmal oder zweimal ihre Lesung für Sekunden unterbrochen und nur in die Richtung derer geschaut hatte, die sich ungeniert über anderes unterhalten und gelacht hatten. Da war dann Ruhe gewesen. Später hatte sie dann die Fragen der Schüler

beantwortet. Johanna dachte: Ob ich das auch könnte? Über Dinge sprechen, die mir selbst sehr nahegegangen sind? Oder über das, worüber ich geschrieben habe, auch wenn es nur erfundene Helden meiner Geschichte sind? Da tun doch Fragen weh, denen man wehrlos ausgeliefert ist.
Die Lesung begann. Johanna sah, wie die Manuskriptblätter in der Hand der ersten Schülerin, die stehend ein Gedicht vortrug, zitterten. Auch die Stimme klang fremd, und sie las viel zu schnell. Aber sie bekam viel Applaus von den Zuhörern. Wenn ich nur schon fertig wäre, dachte Johanna. Ganz gleich, ob ihnen die Geschichte gefällt oder nicht. Die klatschen doch sowieso nur aus Höflichkeit, Leute, die viel mit Literatur zu tun haben, selber schreiben. Die langweilen sich höchstens bei uns Anfängern.
Als nächste mußte Johanna lesen. Ich kriege keinen Ton raus, befürchtete sie. Und wenn ich die Manuskriptseiten vertauscht habe oder mir fallen vor Aufregung die Blätter aus der Hand? Was mache ich dann?
»Als nächsten Beitrag hören wir eine Erzählung von Johanna Klausner, Schülerin der zehnten Klasse unserer Realschule.«
Johanna erhob sich. Jetzt schauen alle auf mich, dachte sie entsetzt. Warum habe ich mich nur darauf eingelassen, hier mitzumachen? Verdammte Eitelkeit, weil unser Zirkelleiter meine Geschichte gelobt hat. Sie ist nicht gut, sie ist supermiserabel. Ich hätte das ganz anders machen müssen.
»Meine Geschichte heißt ›Fabian‹ und erzählt von einem Jungen, der lange Zeit im Krankenhaus zubringen mußte . . .«
Wenn Johanna von ihrem Manuskript aufschaute, begeg-

nete sie den aufmerksamen Augen der Autorin, die vor ihrer Schulklasse gelesen hatte. Die Frau hörte zu, spielte nicht nervös mit dem Henkel ihrer Handtasche, sie hörte einfach zu.
Je länger Johanna las, desto sicherer wurde sie, ihre Stimme klang wieder wie immer. Sie las, was sie selbst geschrieben hatte und was sie teils selbst erlebt und auch dazugedacht hatte. Fabian, der kleine tapfere Kerl von der Krebsstation, kam ihr nahe wie nie zuvor beim Schreiben. Er gewann Leben, wenn auch nur in ihrer Geschichte. In Wahrheit hatte er den Kampf gegen die Krankheit verloren. Genauso wie ihr Großvater, der zur gleichen Zeit auf dieser Station gewesen war. Der Fabian in Johannas Geschichte hatte den Krebs besiegt, war ein fröhliches Kind, das mit den anderen herumtollte, zur Schule ging und gern Geschichten hörte.
Johannas Vortrag bekam viel Beifall. Sie war froh, als sie sich wieder setzen konnte und alles hinter sich hatte. Die Gedichte und Geschichten der anderen kannte sie, deshalb konnte sie ihre Gedanken spazierenschicken, ohne das Lampenfieber, das sie vorher fast gelähmt hatte.
Wieder begegnete sie dem Blick der Autorin in der zweiten Reihe. Ein aufmunterndes Lächeln flog ihr entgegen. Johanna erwiderte dieses Lächeln.
Später, als sie alle am kalten Büfett ihre Teller füllten, traf sie die Autorin wieder. »Deine Geschichte gefällt mir«, sagte die Frau. »Du hast die Gedankenwelt von Fabian gut beschrieben.«
Johanna wurde verlegen. Dann sagte sie abrupt: »Aber sie stimmt nicht. Fabian ist tot. Ich habe mich nur nicht getraut, das zu schreiben. Die meisten wollen Geschichten lesen, die

gut ausgehen. Ich habe damals Ihre Lesung in unserer Schule gehört. Da ging vieles nicht gut aus, aber es ging unter die Haut, man vergißt das nicht so schnell. An meine Geschichte denkt morgen niemand mehr.«

»Als ich in deinem Alter war, habe ich nur Geschichten mit Happy-End geschrieben«, sagte die Autorin, an deren Namen sich Johanna immer noch nicht erinnerte. »Für die anderen Geschichten bleibt dir noch viel Zeit. Hast du noch mehr geschrieben? Darf ich es mal lesen?«

Johanna stellte ihren Teller auf einem Tischchen ab. »Das wäre wunderbar«, sagte sie aufgeregt. »Wenn ich Ihnen mal zwei oder drei schicken darf?«

»Ich gebe dir meine Adresse«, sagte die Autorin.

Wenig später hielt Johanna eine kleine Karte mit Namen und Adresse in der Hand. Jetzt wußte sie auch plötzlich, wer die Frau war. Sie dachte: Ob sie verletzt wäre, wenn sie wüßte, daß ich ihren Namen vergessen hatte? An ihre Geschichte konnte ich mich noch so gut erinnern. Aber vielleicht geht es mir mal wie ihr, wenn ich später etwas veröffentliche. In Johanna war in diesem Augenblick der Wunsch entstanden, noch viele Geschichten zu schreiben. Auch solche, die nicht gut ausgingen, dafür aber nachdenklich machten.

Jonas stellte sich mit seinem vollen Teller neben sie. »Ich bin vielleicht froh, daß ich das hinter mir habe«, stöhnte er. »Beim nächsten Mal habe ich nicht mehr solches Lesefieber wie heute.«

Johanna lachte: »Das werden wir sicher nie verlieren. Und das ist auch gut so.«

II
Sehen, mehr als sehen

Karlhans Frank

Spiele mit der Fernbedienung

Kein Medium ist gut oder schlecht. Es kommt darauf an, wie man es nutzt. Nehmen wir die Fernbedienung zum TV-Gerät.

Wild herumzappen macht wirr im Kopf. Damit spielen kann Spaß machen und Erkenntnisse bringen.

Beispielsweise lassen sich durch Zappen Trends erfahren. Man kann erkennen, wie eintönig die Medienvielfalt ist.

Zappe dich durch das Vormittagsprogramm. Da kommt dir vieles bekannt vor, weil dir auf fast allen Kanälen die wiederholten Wiederholungen begegnen.

Nachmittagszappen durch Kinderprogramme zeigt, daß die armen Kleinen hauptsächlich mit gezeichneten Figuren und seltsamen Puppen unterhalten werden, die mit unnatürlichen Quietschstimmen Quatsch reden.

An bestimmten Abenden kannst du dich von der ersten Schlägerei bis zum letzten Mord in Blut baden, an anderen

Abenden wimmeln die Mattscheiben von Talkmastern und Moderatoren, die immer wieder die gleichen Gäste und sich gegenseitig belabern.
Dann gibt es noch die schwülen Nächte, in denen zu kühnem Gestöhne Brüste die Bildschirme füllen, bis man sie nicht mehr sehen mag.
Die folgenden Texte sind ohne Pfusch entstanden, indem ich beim Zappen immer den Satz notiert habe, der gerade gesprochen wurde. So kann man vieldeutige bis eindeutige Gedichte machen, an denen Deutschlehrer sich beim Interpretieren die Zähne ausbeißen können.

Zapping am Vormittag

Dabei nur bestätigt
Ich schwöre, Kleiner
    Welche Tabelle sollen wir
    Sehr darauf achten
    Die eingefleischten Fußballfans
    Wenn es keine Feinde mehr gibt
Wir haben uns geliebt
Über ihre Familie
Gewerkschaften und Arbeitgeber
    Ein bißchen genervt
    Ich höre sie sehr gern
    Too much time
Dem Präsidenten bei
Das tibetische Hochplateau

Vollgepumpt und gefesselt
Versuchen Sie doch
    Genauso gedacht
    Was darauf steht?
    Besonders tief einziehen
    Darf ich probieren?
Von Spiel zu Spiel
Für Ihre Leidenschaft
Um Ihre Kinder
Und der Wind wird stärker
    C'est la rue de
    Hoch und tief pressen
    Als Bundesligaverein

Zapping am Nachmittag

Zu schnell daran gewöhnt
    Dein Haar hätte es dringend
    Gesiegt, tapferer Krieger
    Beim Thema Guten Appetit
    Zum Kennenlernpreis
Mit deinem lausigen
Freuen sich über
Dem Ufer des ungarischen Sees
Er ist wieder voll da
For the second shot
    Ihr Geld nicht
    Haben die Bank ausgeraubt

Nacken und Wirbelsäule werden
Was Sie kriegen können
    Sie war in ihren Anfängen
    Ein scheußliches Gefühl
Rufen Sie die Polizei
Bis zum Mittelpunkt der Erde
    The world is
    Für Wissensdurst und Fragelust
    Auf der falschen Straßenseite
    Vollständig verdorben
Die Weite von ihm dreiundvierzig
Vom Allerfeinsten
    For a young man
    Frieden in unserer Gesellschaft
    Hatte vorher mit Ihrer Frau

Zapping am Abend

Kann ich nicht
Aus der alten Zeit
    Kümmer dich um
    Was dahintersteckt
    Für uns alle
Küchenzettel gibt
Ist die Katze gesund
Zieht plötzlich ein Sturm auf
    Bayern sind grobe Leute
    Mit Musik und Tanz

Derzeit seine Rennen
But Frank turned him down
    Keine andere ist wie du
    Bloß nicht an der Brust
    Applaus für
    Das ist total falsch
    Ich trinke zuviel und
    Dabei in der Spur
Voll konzentrieren
Waschkraft ist um 40 Prozent
Zum Lesen, hab i mir denkt
Herzhaft frischer Biergenuß
    Wunderbar ist der Frühling
    Kümmern Sie sich um Ihren Rock
    Fast eine Runde Vorsprung
    Que j'aime beaucoup
    And now we go

Zapping in der Nacht

Keiner in die Baracken
    Die Gewinnzahlen lauten
    Es war kein Gerücht
    Spürst du schon etwas?
Große Nacht der Offenbarung
Für die letzten Fußgänger
Rufen Sie uns jetzt an
Das wird sicher auch ganz heiß

Wir sollten irgendwann
    Denn macht er Promenade
    No cheap shots
    Kameradschaft wie im Krieg
    Mußte er emigrieren
    Mit einem persönlichen Satz
    Wegen einer jüngeren Frau
    Nachschub für die Soldaten
Ganz sympathische Menschen
Kommen Sie öfter hierher?
Ihr könnt das nicht verhindern
Bis zum Universitätsprofessor
Aber leider nur bis zwei
    Mit deinem Gesicht
    Sieht ein gewöhnlicher Arbeitstag
    Will dich einfach bestrafen
Leim schmeckt so gemein
Beruft sich dabei auf Stasi-Akten
Ja ja ah ah du ich kann nicht mehr

GUNTER PREUSS

Das Interview

Schon seit Tagen liegt die Stadt wie hingeplättet. Treibhaushitze. So was nennt der Mensch Hochsommer. Ferienzeit.

In der Fußgängerzone der Innenstadt gehen die Leute schleppend an den Schaufenstern vorüber. Eine Gruppe Mädchen und Jungen sitzt schon seit Stunden auf der Steinumrandung eines müde plätschernden Springbrunnens. Ab und zu tauchen sie ihre Hände ins lauwarme Wasser. Zigaretten werden angeraucht und fallen gelassen. Auf dem Straßenpflaster vor ihnen steht ein Kasten leerer Colaflaschen. Eine vorübergehende Traumfrau kann den Jungen kein Lächeln entlocken.

»Absolut schwache Vorstellung«, sagt ein Junge stöhnend.

»Nicht einmal nichts«, bestätigt ein Mädchen und gähnt.

Die anderen ersparen sich ein zustimmendes Wort. Selbst

ein Nicken wäre zuviel verlangt. Sie sitzen bewegungslos im Schweißbad. Die Zeiger der Rathausuhr sind irgendwann stehengeblieben.

Endlich schreckt einer aus der Gruppe hoch. Sofort kommt in die anderen Anspannung. Am Ende der Straße ist irgendwas im Gange. Da kommt was auf sie zu. Das wird aber auch verdammt Zeit.

»Filmfritzen«, sagt ein Junge abfällig. »*Das Neueste aus unserer Region. Bilderbuchsommer in der Stadt. Fünfunddreißig Grad im Schatten. Der heißeste Tag seit der Steinzeit.*«

»Nichts ist besser als gar nichts«, meint ein Mädchen. »Was habt ihr erwartet. Superman in action?«

Es ist ein kleines Filmteam, das die Fußgängerzone heraufkommt, ein Bild, längst zum Klischee geworden: die junge Frau mit dem Mikrofon in der Hand; der unter der Schulterkamera gekrümmte Mann; das Bürschlein, mit Taschen beladen, aufgeregt hin und her springend, um das verschlungene Kabel zu entwirren.

Die Reporterin scheint unentschlossen, was sie aufnehmen lassen soll. Sie spricht Leute an, bricht das Gespräch aber bald wieder ab. An den Mädchen und Jungen geht sie vorbei, als gäbe es sie nicht. Ihr wird enttäuscht nachgepfiffen.

Die junge Frau bleibt zögernd stehen. Sie sieht das Ende der Ladenstraße vor sich, dahinter die sich im Schrittempo bewegenden Autokolonnen. Unwillig dreht sie sich um und kehrt zu den Jugendlichen zurück.

Sofort bessert sich die Stimmung der jungen Leute. Zwei Mädchen gehen wie Mannequins vor der Kamera auf und ab. Die anderen klatschen Beifall. Ein Junge ahmt tanzend

Michael Jackson nach. Ein anderer sprayt mit roter Farbe sein Autogramm auf eine Schaufensterscheibe.
»Zirkus«, sagt die Reporterin gereizt. »Den finde ich an jeder Straßenecke.«
»Wenn Sie Arnold Schwarzenegger wollen, müssen Sie es nur sagen. Was zahlen Sie denn für die Minute Muskelblähung?«
Die Mädchen und Jungen lachen. Die Reporterin sagt: »Ein ganz normaler Mensch würde mir schon reichen.« Sie sieht sich abschätzend unter den Jugendlichen um, die sich sogleich in Pose stellen.
Nur einer blickt weg und beginnt in seinen Hosentaschen zu kramen. Er ist ein schmaler, mädchenhafter Junge mit heller Haut, braunen Locken und dunklen Augen.
»Du da«, sagt die Reporterin. »Wie heißt du? Oder muß ich Sie sagen?«
»Susi!« rufen die anderen. »Das ist Susi!«
»Werner«, sagt der Junge. Für einen Augenblick ist sein blasses Gesicht tief errötet. Und trotzig wiederholt er: »Ich heiße Werner.«
Die junge Frau nickt dem Kameramann zu. Ihr Assistent stellt einen Scheinwerfer zurecht. Das Licht grellt auf. Der Junge hält abwehrend beide Hände vor das Gesicht. Die Reporterin sagt: »Also, Werner. Ich möchte ein Gespräch mit dir aufzeichnen. Okay?«
»Okay«, rufen die anderen. »Laß mal hören, Susi.«
Der Junge ist überrascht, ja erschrocken; aber es reizt ihn auch, aus der Menge, die ihn sonst in ihre Mitte einschließt, in den Vordergrund geholt zu werden.
Die Reporterin faßt Werner an der Schulter und dirigiert

ihn hin und her. Schließlich ist sie zufrieden, wie er steht: hinter ihm der Springbrunnen mit den Mädchen und Jungen und die Flucht der herausgeputzten Fußgängerzone, hinter der im Lichtgeflimmer undeutlich die farblose Stadt aufsteigt.
Sie ruft der Gruppe zu: »Ihr da, vergeßt die Filmerei. Ganz cool, hört ihr? Und action, was die Hormone betrifft. Wir wollen sehen, daß ihr jung und verrückt aufeinander seid.«
Die jungen Leute lachen, sie zieren sich noch ein bißchen, bald aber spielen sie, was verlangt wird: Sie unterhalten sich, streicheln und küssen einander.
»Und nun zu uns, Werner«, sagt die Reporterin. »Du wirst sehen, das ist ganz einfach. Laß mich nur machen. Es ist schließlich mein Beruf. Das geht wie von selbst.«
»Ja«, sagt Werner. Er hat Zutrauen zu dieser Frau, die ihm großschwesterlich zeigt, wie man Menschen und Dinge anfassen muß, damit sie einem Platz machen.
»Also«, sagt sie. »Es ist ein phantastischer Tag. Sommer, das Wetter, die Stadt, alles bestens. Du bist verdammt gut drauf. Was und wie es kommt, du steckst es in die Tasche.«
Werner sieht sich um, noch mit gesenktem Kopf. Und es ist tatsächlich kein schlechter Tag. Ein schöner Tag ist es. Er spürt die Schwüle nicht mehr, der Trübsinn ist verschwunden. Ihm ist, als käme von dieser Frau ein kühler Wind. Er spürt eine Spannung, die ihn den Kopf heben und in die Kamera schauen läßt.
»Ja!« ruft sie. »Okay, ja doch!«
»Fragen Sie«, sagt der Junge, und er staunt über seine fordernde Stimme.
Die Reporterin gibt dem Kameramann ein Zeichen, der

Assistent betätigt vor der Linse eine schwarze Klappe, auf der mit weißer Kreide geschrieben steht: *Hier und heute.* Die junge Frau spricht ins Mikrofon, erzählt etwas über die Stadt und ihre Menschen. Sie sagt: »Am besten läßt sich unsere Befindlichkeit von Kindern und Jugendlichen ablesen. Wir haben hier Werner, einer von vielen, ein Kind unserer Stadt. Nun, Werner, wie fühlen Sie sich?«

»Ich?« Der Junge ist überrumpelt. Noch nie hat ihn jemand gefragt, wie er sich fühlt. »Ja«, sagt er hastig. Er hat immer anderen zugehört, wenn sie von sich erzählten, wie sie etwas begonnen oder beendet hatten. »Gut«, sagt er. »Es geht mir gut.«

»Erzählen Sie uns doch etwas von sich«, sagt die Reporterin; ihre Stimme weist einen Weg, den er nur zu gehen braucht, um gut anzukommen. »Auch für Sie hat sich das Leben in Deutschland grundlegend verändert. Wie haben Sie sich eingelebt in der neuen Welt?«

Der Junge fühlt sich wieder unbehaglich, er zögert mit einer Antwort, sieht sich nach der Gruppe um, die von dem Gespräch anscheinend nichts mitbekommt. Fragend blickt er die junge Frau an, die das Mikrofon von seinem Mund zurückzieht. Sie wendet sich kurz dem Kameramann zu, zuckt mit den Achseln und sagt: »Wir fangen noch einmal an, Werner. Sprich frei heraus. Diese dumme Kamera kannst du völlig vergessen.« Sie nickte ihrem Assistenten zu. Wieder fällt eine Klappe.

»Ja«, sagt Werner. Das Mikrofon vor seinem Mund zwingt ihn zu sprechen. »Ja, es geht mir gut. Es ist – es ist alles besser geworden. Freier – ja, man kann machen, was man will. Ich – ich fühle mich bestens.«

»Wie jung sind Sie? Und was haben Sie vor?«
»Gymnasium, zehnte Klasse. Mutter will, daß ich das Abi bringe. Mal sehen dann. Jura wäre gut, sagt sie. Na ja, viel auswendig lernen. Aber das ist nicht schlecht. Dabei vergißt man.«
Die Reporterin zieht das Mikrofon zurück. Sie zögert mit der nächsten Frage; aber dann siegt ihre persönliche Neugier. »Was denn vergessen?«
Werner errötet erneut. Wieder schaut er sich kurz nach der Gruppe um, schließlich antwortet er: »Ich – ich weiß nicht. Einfach so. Wenn man lernt, ist der Kopf voll. Und – und es tut nicht mehr weh.«
Die Reporterin winkt dem Kameramann heftig ab. Sie ist wütend, schimpft sich unprofessionell. Womöglich läßt sie sich noch auf die Wehwehchen dieses pubertierenden Jungen ein, den sie Susi nennen und der vielleicht nie ein Mann wird, der sein Leben in die eigenen Hände bekommt. Es war dumm von ihr, sich diesen Jungen herauszugreifen, nur weil er ihr so *sauber,* so *unberührt* erscheint, einfach so *unverdorben.* Aber jetzt ist es zu spät, den Interviewpartner zu wechseln. Sie muß weiter zu einer Rassekatzenausstellung. Aber sie muß verdammt noch mal etwas Brauchbares zu *Hier und heute* in den Sender bringen. Bisher hat sie es jeden Tag geschafft.
Der Assistent zündet eine Zigarette an und steckt sie der jungen Frau zwischen die Lippen. Sie zieht ein paarmal tief den Qualm ein, spuckt die Zigarette weg und tritt sie mit heftig drehenden Fußbewegungen aus. »Okay«, sagt sie. »Das kriegen wir hin.« Und streng sagt sie zu dem Jungen, der sie aus seinen dunklen Augen unsicher beobachtet:

»Also, ich frag dich noch einmal, wie es bei dir so geht. Und du läßt dich nicht so hängen, Mann. Das mit dem Abitur und dem Jurastudium ist nicht übel. Nun mach was draus. Die Welt steht doch offen: die Südsee, ein schneller Wagen, schöne Ladys, heiße Musik, Klamotten. Träume doch einfach mal los, Mann. Tritt das Gaspedal durchs Bodenblech.«
»Ja«, sagt der Junge. »Ja.« Vielleicht braucht er wirklich nur mit den Fingern zu schnippen, und alles, was ihm bisher unmöglich erschien, ist möglich. Er würde jetzt gern lachen, laut lachen, einfach so, warum denn nicht. Aber er soll jetzt sprechen, in das Mikrofon, vor laufender Kamera, zeigen soll er es, das Leben, wie man es anpackt, wie gut es tut, vor den anderen zu stehen, gefragt und gesehen zu werden.
»Das Abi bring ich mit links«, sagt er. »Das Studium ist gebongt. Dann Rechtsanwalt, eigene Praxis, ich werde den Leuten sagen, wie es am besten läuft. Absolut kein Problem das Ganze. Man muß nur begreifen, wie es wirklich ist. Man muß den Kopf voll haben, dann wird es bestimmt nicht mehr weh tun.«
Die Reporterin will das Mikrofon zurückziehen. Der Junge hält ihre Hand fest, er sagt: »Mir geht es einwandfrei! Wirklich gut! Das können Sie mir glauben!«
Ihre Hand schmerzt, als er sie losläßt. Jetzt spürt sie den Druck der Hitze. Sie schaut in den niedrigstehenden Himmel, der kein Loch zum Entschlüpfen hat. Dieser verdammte Junge, denkt sie. Warum kann er nicht einfach so sein wie all die Leute, die sie Tag für Tag befragt? *Ein freundliches Geplätscher an der Oberfläche. Dabei geht keiner*

unter, hat der Intendant ihr gesagt. Warum verunsichert der Junge sie? Sie verlangt doch nur ein paar Worte, daß er jung und froh ist. Ja, auch sie hat ständig den Kopf voll. Aber sie hat sich noch nie gefragt, wie es wäre, wenn sie ihn frei hätte. Warum denn auch?
Sie hat Kamera und Mikrofon vergessen, die Zeit, die nächsten Termine, und sie sieht dem Jungen in seine rätselhaften Kinderaugen und fragt vorsichtig: »Was – was ist es denn, das dir weh tut?«
»Machen Sie doch weiter«, sagt der Junge aufgeregt. Er hebt die Hand und schnippt mit den Fingern. »Fragen Sie doch, was ich noch will. Ich kann Ihnen alles über Autos sagen. Oder wir sprechen über Australien: kleinster Kontinent; die Tafelländer werden nur von Inselbergen und einzelnen Mittelgebirgen überragt; im Innern Trockenräume, Wüste, im Norden feuchtheißes Klima, Baum- und Grassavannen, an der Küste Regen- und Mangrovenwälder. Fragen Sie doch. Es tut sich eine ganze Menge. Es geht vorwärts!«
Die letzten Worte hat er geschrien, seine Hände sind geballt. Die Jungen und Mädchen haben ihre Zurschaustellung für die Kamera unterbrochen. Auch die Schaulustigen sind erschrocken. Sie blicken verunsichert auf die Frau und den Jungen.
Werner zuckt zusammen, er senkt den Kopf und zieht die Schultern zur Brust. Er sagt leise, nur für diese junge Frau bestimmt: »Ich komme da nicht mit. Das ist mir alles zu – schnell. Ich – ich weiß ja gar nicht – wohin.«
Der Kameramann ruft unwillig: »Also, was ist denn, Gitti?! Hast du deine Sülze endlich auf dem Teller?« Der Assistent

hält in Richtung der Reporterin seinen Arm hoch und tippt auf die Armbanduhr.
Die junge Frau schüttelt unwillig den Kopf. Sie sagt: »Mensch, Junge, du, du bist noch so verdammt jung. Für dich fängt doch alles erst an. Das, das kriegst du doch hin.« Sie ist wütend über ihre Tantenhaftigkeit und sagt: »Vergiß es, Mensch. Bitte vergiß den Schwachsinn ganz schnell.«
»Es ist wie ein – Wettrennen«, sagt der Junge. »Ein – Schieben und Stoßen. Es – überrollt mich. Und – auch manchmal nachts muß ich rennen – in diese Dunkelheit hinein. Allein – wenn nur dieses Alleinsein nicht wäre ... Aber, bitte, fragen Sie doch.«
Der Kameramann stöhnt unter seiner Last und flucht. Der Assistent preßt ein Handtelefon ans Ohr, den Arm mit der Uhr hält er immer noch hoch. Die Reporterin sagt: »Verdammt. Verdammt noch mal.«
»Das – war wohl nichts«, sagt der Junge bedauernd. »Tut mir echt leid, daß ich es nicht gebracht habe.«
»Unsinn«, sagt sie. »Hör doch auf. Es ist nur, ich muß jetzt weiter. Der Job und so. Und überhaupt, ich ...«
»Versuchen Sie es doch noch mal«, bittet der Junge. »Diesmal klappt es. Ich verspreche es. Es muß ganz einfach klappen.«
Der Kameramann geht eilig die Straße zurück. Der Assistent folgt ihm rückwärts laufend. Er winkt der Reporterin nachzukommen.
Die Hand des Jungen nähert sich vorsichtig ihrer Hand, die das Mikrofon in Mundhöhe hält und die ihm langsam entgegenkommt. Doch dann zieht sie ihre Hand schnell zurück. »Aus ist aus«, sagt sie hart, fast böse. »Paß auf

dich auf, Werner!« Und sie rennt den Filmleuten hinterher.

Der Junge blickt ihr sekundenlang nach; er steht gebeugt wie ein Alter. Dann geht er zur Gruppe, die ihn mit Fragen bedrängt: »Wie lief das denn so? Was wollte sie denn von dir, Susi?«

»Nichts«, antwortet Werner. »Es war nichts.« Er setzt sich zwischen die Jungen und Mädchen, die bald wieder mit sich, ihrer Langeweile und der Hitze beschäftigt sind.

Eleni Torossi

CIVIS heißt Bürger

Ein CIVIS-Jugendprojekt zur interkulturellen Medienerziehung

Kinder und Jugendliche lieben Fernsehen. Das ist eine Tatsache. Erwachsene wollen nicht, daß ihr Nachwuchs den ganzen Tag vor der Mattscheibe sitzt. Auch das ist eine Tatsache. Man stelle sich nun vor, Schüler werden dazu eingeladen, zwei Tage lang ununterbrochen dieser ihrer Lieblingsbeschäftigung zu frönen. Eine verlockende Aussicht! Doch natürlich hat die Sache einen Haken. Es geht nicht darum, das »Trio mit vier Fäusten« oder die »Bravo-Charts« zu konsumieren, sondern Filme zu beurteilen und einen Preis zu vergeben. Macht es Spaß, über die Qualitäten der Filme zu diskutieren, und welche Kriterien verwendet man?

Stattgefunden hat dieses Ereignis im Jahr 1994, als 40 Fernsehproduktionen unter dem Motto »Verständigung mit Ausländern und kulturellen Minderheiten« den 29 jugendlichen Juroren präsentiert wurden. Die Jungen und Mädchen zwischen 14 und 19 Jahren kamen aus den alten und neuen Bundesländern, um an diesem Projekt mitzuwirken.

Carmello, aus Dortmund: *Ich habe irgend etwas von einem Seminar in Rostock zum Thema Ausländerhaß gehört und habe sofort ja gesagt. Ich wohne in Dortmund. In unserer Schule arbeitet die RAA*-Dortmund und entwickelt verschiedene Projekte. Die machten den Vorschlag, hier mitzumachen. Ich bin froh, daß ich dabei war.*

Bülent, aus Dortmund: *Ich fand es ganz lustig. Ich hatte so etwas noch nie gemacht, und es ist eine Erfahrung, die jeder machen sollte, finde ich. Man ist Teil einer Jury, und man trägt zu etwas Positivem bei. Wir zeichnen ja jemanden aus für gute Leistung ...*

Carmello, aus Dortmund: *Ich persönlich fand es sehr positiv, weil ich verstanden habe, wie Filme ihr Thema verfehlen oder treffen, wie Klischees entstehen. Dann sind durch die Filme Gefühle hochgekommen, und wir haben diskutiert, wie sich ein Mensch fühlen muß, wenn er bedroht wird. Ich habe zum ersten Mal soviel über Ausländerfeindlichkeit nachgedacht. Ich bin zwar auch Ausländer, aber bis jetzt war ich nicht selbst durch Gewalttaten Rechtsextremer betroffen. In der Gruppe sind Ideen entwickelt worden, was man dagegen tun kann, damit sich die rechte Szene nicht ausbreitet.*

---

* RAA-Dortmund – Regionale Arbeitsstelle zur Förderung ausländischer Kinder und Jugendlicher. Leiterin: Renate Tölle, Burgholzstr. 150, 44145 Dortmund, Tel: 0231-5025830-39

CIVIS-Jugendjury nannte sich die Gruppe in diesem Projekt nach dem renommierten CIVIS-Preis. Dieser Preis wird seit 1988 von der Freudenberg-Stiftung, dem Beauftragten für Ausländerfragen der Bundesregierung und dem WDR für die ARD ausgeschrieben. Eine Fernseh- und eine Hörfunkjury prämieren jährlich die besten Beiträge, die überwiegend von den Rundfunkanstalten selbst eingereicht werden. Es gibt drei Kategorien: Dokumentation, Unterhaltung und Sendungen mit Spielhandlung. Für jede Kategorie wird ein Preis vergeben. Zusätzlich ist für besondere Programmleistungen ein Sonderpreis vorgesehen.
Die Veranstalter hatten dann 1994 die Idee, den CIVIS-Preis durch ein Projekt für Jugendliche zu ergänzen. Diese sollten damit innerhalb und außerhalb der Schule motiviert werden, aktiv an der Bewertung der, vor allem im Fernsehen, gezeigten Sendungen zum Thema Ausländerfeindlichkeit und Jugendgewalt teilzunehmen.

Angeliki, aus Dortmund: *Wir trafen uns für drei Tage in Rostock. Wir mußten uns erst einmal die zehn Filme ansehen, die in den Jahren zuvor prämiert worden waren, und so Kriterien für die Beurteilung der Filme finden. Wir hatten einen Projektleiter, der uns anregte oder beriet und gleichzeitig unsere Verantwortung und Selbstorganisation unterstützte. Einen Monat später trafen wir uns noch einmal in Rostock, dieses Mal für vier Tage, und da fand unsere Jurysitzung für die Preisverleihung 1994 statt.*

Kati, aus Dranske: *Wir mußten entscheiden, ob ein Film gut ist oder nicht. Ich fand das total interessant. Aufregend war, daß wir* *als Jugendliche die Entscheidungsgewalt hatten, und zwar nach unseren Gesichtspunkten, nicht nach denen der Erwachsenen!*

Stefano, aus Herne: *Wenn wir sonst einen Film sehen, sagen wir natürlich, der war gut oder der war schlecht, aber wir diskutieren nicht, warum. Hier haben wir richtig gelernt zu begründen, warum wir etwas gut oder schlecht finden.*

Frage: Wie habt ihr die Filme beurteilt, wie diskutiert, wie argumentiert über Regie, Bilder, Kamera, Handlung, Schauspieler?

Sebastian, aus Neu-Broderstorf: *Wir haben erst über Kriterien geredet. Wir hatten einen Stichwortzettel vorgelegt bekommen, den wir dann völlig zur Seite gelegt haben. Es waren ziemlich hochgestochene und starre Kriterien, Schubladendenken, sozusagen. Nein! Wir haben unsere eigenen Kriterien entworfen, beziehungsweise, zum Schluß haben wir kaum mehr über Kriterien gesprochen, sondern nur noch gesagt, was wir über den Film denken, wie der Film war. Und es kam eigentlich ziemlich einstimmig heraus, welcher der beste Film war.*

Sascha, aus Rostock: *Unsere Kriterien waren erst einmal, daß der Film zum Thema passen muß. Wenn zum Beispiel in einem Film gar nicht der Dialog zwischen den Fronten gefördert wurde, sondern nur die rechte Seite beleuchtet wurde. Und wir haben natürlich auch über das Künstlerische gesprochen.*

Frage: Nach welchen Kriterien beurteilt ihr sonst einen Film, wenn ihr euren Klassenkameraden davon erzählt?

Franceska, aus Dortmund: *Äktschn ... und so! ... eh ... Ja, die meisten sind ... immer für Kriegsfilme und so ...*

Kathi, aus Dranske: *Na ja, weil wir uns schon als kleine Kinder bei den Spielen daran gewöhnen, daß es immer nur um Krieg geht ... So ist es doch! Die Computerspiele, die Zeichentrickfilme ... Schon beim Lego und Playmobil beginnt es. Es gibt immer die Bösen und die Guten, die sich bekämpfen!*

Die Koordinatorin des CIVIS-Jugendprojekts in der RAA* in Berlin, Maureen Kaufmann: *Auf der einen Seite tragen die Medien mit ihrer Informationsvielfalt zur Allgemeinbildung im weitesten Sinne bei. Sie bieten Informationen über das aktuelle nationale und internationale Tagesgeschehen, fördern mit kritischen und aufklärenden Sendungen das politische Bewußtsein. Andererseits wird über die »Kino«-Vielfalt diese positive erzieherisch-aufklärerische Tendenz ausgehöhlt und in ihr Gegenteil verkehrt. So ist eine zunehmende Präsentation von Gewalt- und Horrorszenarien festzustellen, teilweise unter der wohlgemeinten Absicht, zu informieren und aufzuklären.*
Ich meine, daß dies besondere und rasche Auswirkungen auf die frühere DDR gehabt hat. Seit 1990, mit dem Fall der Mauer, hat sich die Medienlandschaft für die DDR-Bürger sehr geändert. Anders als früher ist es jetzt möglich, alle Arten von Medien zu konsumieren. Die überall eingerichteten Videotheken, die vielfältige Fernsehlandschaft und die Spielhallen mit den Computer-

---

* RAA-Berlin – Regionale Arbeitsstelle für Ausländerfragen e. V. – Geschäftsführerin: Anetta Kahane, Schumannstr. 5, 10117 Berlin, Tel: 030-2386629, Fax: 030-2384303

spielen sind nun für ostdeutsche Kinder und Jugendliche jederzeit zugänglich geworden.

Frage: Was war für dich das wichtigste in der Jugendjury?

Alessio, aus Dortmund: *Das wichtigste war, daß wir einige aus dem Osten kennengelernt haben, und wir haben herausgefunden, daß nicht alle so sind, wie man es hört. Wir haben sogar Freundschaften geschlossen, und das ist wertvoll, finde ich.*

David, aus Dortmund: *Es war total toll, daß wir so viele aus Rostock kennengelernt haben, weil wir doch über Rostock so viel Negatives gehört haben, von den Radikalen und so. Das hatte uns etwas erschreckt. Das erste Mal, als wir am Rostocker Bahnhof angekommen sind, standen vor dem Bahnhof sehr viele Rechtsradikale und brüllten, kommt mal raus, damit wir euch verprügeln können, Scheißtürken usw.*

Frage: Wie war das, zum ersten Mal nicht nur Konsument zu sein, sondern zu urteilen, ist es gut, was ich serviert bekomme, oder ist es schlecht?

Stephan, aus Rostock: *Zu Hause setze ich mich hin, gucke fern, o. k., das war's dann, und ich gehe schlafen! Aber hier sind wir zwei Tage zusammengekommen, haben uns Filme angeschaut und miteinander geredet. Das war total toll, finde ich!*

Tobias, aus Berlin: *Ich muß sagen, es waren wirklich sehr wenige gute Filme dabei, aus unserer Sicht, wie wir das beurteilen können.*

Das WDR hatte die Jugendjury bei der festlichen Veranstaltung der Preisverleihung zwei Tage nach Köln eingeladen. Nach der Verkündigung der Preise der Erwachsenenjury wurde der von der Jugendjury mit dem CIVIS-Preis prämierte Film bekanntgegeben.

Frage: Wie ist das für euch, hier bei der Preisverleihung im WDR-Köln teilzunehmen?

Maria, aus Dortmund: *Klasse! Wir haben sogar die Schauspieler kennengelernt. Gestern abend im Hotel, und das war super, es war anders, als wenn wir sie einfach im Film sehen. Die waren da, wir konnten mit ihnen sprechen, sie fragen, und sie waren nicht eingebildet, sie haben sich auf uns eingelassen.*

Sebastian, aus Neu-Broderstorf: *Na, ich weiß nicht! Ich denke manchmal, wir sind die Vorzeigejugendlichen, eine andere, gewichtigere Rolle, spielen wir ja nicht, und das stört mich.*

Sascha, aus Rostock: *Ich hatte mir das ein bißchen anders vorgestellt. Daß wir nicht so wie die Statisten sind.*

Frage: Glaubt ihr, daß in mehreren Schulen solche Initiativen entstehen könnten, sollten? Nicht nur zur Ausländer-Thematik, sondern auch zu Themen wie Beziehung, Freundschaft, Liebe?

Kalina, aus Rostock: *Ja, natürlich nicht als Jury, sondern als Arbeitskreis. Da fände ich ganz gut, wenn man sich ein Jahr lang beschäftigt mit einem Thema oder Aktionen plant, Infostände* *macht, friedliche Demonstrationen oder Veranstaltungen zu verschiedenen Themen, nicht nur gegen rechts.*

Sascha, aus Rostock: *Wenn man solche Arbeitsgruppen hätte, dann wüßten die Leute, was sie machen können nachmittags. Ich meine, die jungen Leute, vom Schulkreis. Von der Schule wird nur zuwenig gemacht, und wenn sie was machen, ist es so laienhaft, das macht keinen Spaß. Da muß man was machen, was ansprechend ist und daß die Atmosphäre stimmt.*

Peter, aus Berlin: *Das ist praktisch nicht realisierbar, weil die meisten Kinder, zumindest bei uns, in unserer Schule, sehr viel zu tun haben nachmittags. Zum Beispiel Sport oder irgendwelche Kurse. Und dann auch noch einen Lehrer zu überzeugen, nee, ich glaube, das lohnt sich nicht. Dann gibt es da auch einen Widerspruch. Einerseits sagen wir immer in der Schule, wir haben keine Zeit, und dann kommen wir mit solchen Vorschlägen. Aha, wird der Lehrer sagen, für so etwas habt ihr Zeit?*

Stephan, aus Rostock: *Die meisten Kinder sagen doch, sie haben was zu tun, können nicht mitmachen, sie reden sich einfach raus, und dann langweilen sie sich eben. Dann gibt es Lehrer und Schüler, die blocken das sofort ab. Das interessiert uns nicht, sagen sie und machen Witze.*

Frage: Sprecht ihr mit euren Lehrern über Filme?

Maribel, aus Dortmund: *Es kommt auf den Lehrer an, ob er die Diskussion im Unterricht zuläßt. Wir haben vor ein paar Tagen im Deutschunterricht über die Politiker im Fernsehen* *geredet, daß sie sowieso nicht auf das antworten, was sie gefragt werden.*

Das CIVIS-Jugendprojekt soll bundesweit realisiert werden. Folgende Aktivitäten sind vorgesehen.

1. Arbeitsgemeinschaften, Schulklassen oder andere Gruppen sollen dazu ermutigt werden, Programme im Fernsehen zu beobachten. Bis zu einem festgelegten Termin sollen die Jugendlichen den nach ihrem Urteil besten Film auswählen. Die Themen der Sendungen sollen sich auf das genannte CIVIS-Thema beziehen. Die Jugendlichen schlagen der Koordinierungsstelle einen Film für den CIVIS-Wettbewerb vor. Der Koordinator informiert die CIVIS-Jury über den jeweils von einer Gruppe vorgeschlagenen Film. Wenn ein Mitglied der CIVIS-Jury dem Vorschlag zustimmt, kann er in den Wettbewerb aufgenommen werden.

2. Jugendliche sollen angeregt werden, eigene Filmideen zu entwickeln oder Treatments zu schreiben oder Filme zum Thema zu drehen. Vorgeschlagen werden kleinere Episodenfilme, Spots u. ä. Günstig wäre dabei, wenn mehrere Arbeitsgemeinschaften zusammenarbeiten, wie z. B. Schreibwerkstätten, Theatergruppen u. a. Diese selbstgedrehten Filme werden an die Koordinierungsstelle geschickt. Die Koordinierungsstelle beruft ein Gremium, das von einer erfahrenen Medienpädagogin und einer Regisseurin geleitet wird. Der Preis für den besten Film wird die

Teilnahme an einem Workshop sein. Außerdem bemüht sich die Koordinierungsstelle um eine Fernsehanstalt, die diesen Film produziert.

3. Die Jugendlichen, die sich an allen beschriebenen Aktivitäten beteiligt haben, nehmen an der Auslosung für die Mitarbeit in der Jugendjury teil. Analog zur Erwachsenenjury wird sich die Jugendjury aus den eingereichten Beiträgen einen Fernsehbeitrag für die Vergabe des CIVIS-Jugendpreises auswählen. Die Mitglieder der Jugendjury werden wieder als Gäste des WDR nach Köln zur Preisverleihung eingeladen.

Das Projekt wird von den Regionalen Arbeitsstellen für Ausländerfragen e. V. in den neuen Bundesländern und den RAAs in Nordrhein-Westfalen getragen. Die Koordination liegt in der RAA-Berlin. Das Projekt richtet sich an Schulen, Medienpädagogische Zentren, Landesbildungsstellen, Videowerkstätten und andere Medienarbeitsgemeinschaften.

Karlhans Frank

Schöne neue Welt

Die Welt ist viereckig, besteht
aus Wiederholungen in Farbe
und Stereo. Hilfreich ist
das Vertalken des Denkens und das
Wegzappen unangenehmer Ereignisse.
Störungen werden auf
Schrifttafeln angezeigt und
dauern nicht lange, denn für
gutes Ansehen wie für
sämtliche Ansichten zahlen alle
Teilnehmer den Kasten, in dem
die Welt steckt, und manchmal
sogar Gebühren. Auch die eintönigste
Wüste hat in einer Ecke
ein buntes Logo. Logo!
Damit lange Ballwechsel, zärtliche

Akte, Morde und Kriege nicht
aufdringlich werden, schieben
sich liebliche Bilder dazwischen,
die zeigen, was uns noch
fehlt. Schön und abwechslungsreich
ist unsere kleine Welt, es
droht ihr nur eine Gefahr:
die Implosion, während wir im
Sessel dösen. Wer die Implosion
überlebt, kauft bald sich
eine neue Welt,
energiesparender, fortschrittlicher,
formschöner als die alte, angenehmer
im Klang, größer und
flacher im Format, brillanter
in der Auflösung, automatischer,
antistatischer, strahlungsärmer . . .
vor allem eine, die
kindersicher und dennoch von
jedem Narren leicht zu bedienen ist.

Reiner Engelmann

Hetzjagd

Markus rennt durch die Straße. Es ist hinter ihm her, ganz nah, fliegt über ihm, greift nach ihm, stellt sich ihm in den Weg, Markus schlägt einen Haken, rennt an ihm vorbei, weiter in Richtung der Straßenkreuzung, an der er abbiegen muß, ich muß ihm entkommen, denkt er, sonst wird es mich zerfleischen mit seinen messerscharfen Krallen, er sieht sie über sich, wie sie ihn verfolgen, jeden Moment zupacken können, Regen peitscht ihm ins Gesicht, macht die Straßen glitschig wie Schmierseife, er spürt seine Beine nicht mehr, dafür heftiges Stechen in der linken Seite, jetzt nur nicht schlappmachen, jagt es durch seinen Kopf, rennen, weiterrennen, da vorne ist die Kreuzung, zum Greifen nah, doch unendlich weit entfernt für seine müden Beine, er sieht wieder die Krallen, sie greifen nach ihm, warum hilft mir niemand, Leute stehen am Straßenrand, schauen ihm nach, ihre Gesichter verwandeln sich in Fratzen, er hört, wie sie lachen, hinter ihm herlachen, schreien will er, um Hilfe schreien, bekommt aber keinen Laut heraus, rennt weiter, versucht, ihm zu entkommen, seine Beine gehorchen ihm nicht mehr, er hat keine Kraft mehr, merkt, wie er ausrutscht auf der glitschigen Straße, hinfällt, er sieht sich dort liegen, mit dem Gesicht nach unten, kann sich nicht mehr aufrappeln, nicht mehr weiterrennen, wartet, daß gleich das Unausweichliche geschehen wird, sieht im letzten Augenblick die anderen Opfer vor sich, wie sie von den Krallen hochgehoben werden, noch kurz zappeln und dann . . . jetzt . . .

»Hilfe!« Endlich kommt ein Laut heraus.

Schweißgebadet sitzt er in seinem Bett.

Er wagt es nicht, sich zu rühren.

Er lauscht.

Er hört . . . nichts. Außer seinem Atem. Der geht ganz schwer.

Vorsichtig greift er zum Schalter seiner Nachttischlampe und knipst sie an.

Mit den Ärmeln seines Schlafanzuges wischt er sich den Schweiß vom Gesicht.

Markus schaut sich um.

Links an der Wand steht sein Kleiderschrank.

Vor dem Fenster steht sein Schreibtisch.

Das ist sein Bett. Daneben steht der Nachttisch mit der Lampe.

Weit entfernt hört er ein paar fahrende Autos.

Alles ist wie immer.

»Hab' ich wirklich nur geträumt?« überlegt er.

Nur langsam kommt er in die Wirklichkeit zurück.

Er versucht, sich zu erinnern.

Christine, wie Markus seine Mutter nennt, mit der er seit Vaters Auszug vor fast einem halben Jahr allein die Dreizimmerwohnung bewohnt, kam nach der Arbeit freudestrahlend nach Hause.
»Ich hab' uns etwas mitgebracht«, verkündet sie mit einem Lächeln, »wir werden uns heute einen ganz tollen Film ansehen.« Markus zögerte mit der Antwort. Er kannte Christines »tolle Filme« nur zu gut.
»Bitte, Markus«, bettelte sie, »sei kein Spielverderber, du weißt, ich schaue mir diese gruseligen Filme nicht gern alleine an.«
Und warum hast du dir wieder so einen gruseligen Film ausgeliehen? wollte er gerade einwenden, aber Christine war schneller.
»Am Wochenende darfst du dir Filme aussuchen, die dir gefallen, und die schauen wir uns auch gemeinsam an.«
Das war für Markus ein Angebot, das er nicht leichtfertig ausschlagen durfte. Obwohl diese Angebote immer kommen, wenn Christine sich einen ihrer »tollen Filme« ausgeliehen hat.

Die gemeinsamen Filmabende hatten in der Familie schon eine gewisse Tradition.
Seitdem die Eltern sich vor gut zwei Jahren das Videogerät gekauft hatten, liehen sie regelmäßig Filme in einer Videothek aus. Schon nach kurzer Zeit hatte es sich so eingeschliffen, daß es drei Videoabende in der Woche gab. Mittwochs, samstags und sonntags.

Mittwochs durfte Markus nie mitschauen.
»Die sind noch nichts für dich«, sagte Vater immer, »und außerdem mußt du morgen in die Schule.«
Markus protestierte zuerst dagegen, wenigstens den Anfang könne er sich doch ansehen, eine halbe Stunde nur, dann würde er auch bestimmt ins Bett gehen. Oder zuerst noch etwas spielen, die Eltern könnten sich den Film ja auch später anschauen.
Aber sie blieben hart.
An einem Donnerstagnachmittag, Markus hatte seine Hausaufgaben bereits gemacht, entdeckte er, daß der Film, den die Eltern sich am Vorabend angeschaut hatten, noch im Videorecorder steckte.
Er schaute auf die Uhr. Mindestens noch zwei Stunden, bis sie von der Arbeit nach Hause kommen würden.
Ohne lange zu zögern, schaltete er das Gerät ein, drückte den Knopf am Fernseher, wählte den Videokanal, spulte den Film zurück und startete das Band mit der Wiedergabetaste. Was mochten das für Filme sein, die die Eltern ihm so energisch verboten?
Im Vorspann las er, daß der Film ausschließlich für Erwachsene sei. Sollte er wieder abschalten? Er war noch nicht erwachsen, er war gerade erst mal zehn!
Aber dann kamen auch schon die ersten Bilder.
Jetzt wollte er wissen, was die Eltern vor ihm verbargen.
Mit einer Mischung aus Faszination und Abscheu schaute er sich an, was da über die Mattscheibe flimmerte.
Erst Tage später, als er auf dem Schulhof ein Gespräch von älteren Schülern mithörte, die sich über »geile« Filme unterhielten, begriff er, daß er an diesem Nachmittag seinen

ersten Pornofilm gesehen hatte. Dieses Wort hatte er zwar öfter schon mal gehört, wußte wohl auch, daß die Darsteller nackt sein sollten, mehr aber auch nicht.

Diese Pornofilm-Nachmittage gab es immer wieder mal, wenn die Eltern vergessen hatten, die Kassette aus dem Recorder herauszunehmen. Seinem Freund Olli erzählte er von diesen Filmen, und der war natürlich ganz wild darauf, sich auch mal einen solchen Streifen anzusehen. Er bot Markus sogar fünf Mark für eine Vorführung. Das war eine beträchtliche Aufbesserung seines Taschengeldes, denn zwei- bis dreimal im Monat vergaßen die Eltern einfach, die Kassette zu entfernen.

Am späten Samstagnachmittag begann das Videowochenende. Nach dem Einkauf, den Vater in der Regel besorgte, ging er in die Videothek. In der ersten Zeit kam er meist mit drei oder vier Filmen nach Hause.

Den ersten Film schauten sie sich gemeinsam an. Meistens war es ein Krimi oder ein Western.

Der erste Abendfilm war in der Regel ein Actionthriller. Nur wenn er allzu brutal wurde, wenn die Leichen nicht mehr gezählt werden konnten oder Szenen vorkamen, in denen in Großaufnahme jemand gequält und ermordet wurde und Markus sich ein Kissen vors Gesicht hielt, beruhigte Vater ihn, es sei doch nur ein Film, nach den Dreharbeiten würden die Toten wieder aufstehen und einen Kaffee trinken. Manchmal, wenn Markus sein Gesicht in ein Sofakissen preßte und sich mit beiden Händen die Ohren zuhielt, fand Vater, es sei besser, wenn er sich den Film nicht bis zum Ende anschaue. Dann ging er freiwillig in sein Zimmer.

Spätestens vor dem zweiten Abendfilm wurde er aber regelmäßig ins Bett geschickt.
»Den wollen wir gerne alleine sehen, der ist noch nichts für dich«, war die einhellige Elternmeinung.
Nach seinem ersten Donnerstagnachmittagsfilm mußte er darauf achten, daß er sich nicht verriet.
Am Sonntag war dann noch mal die Gelegenheit, sich die Filme vom Vortag anzuschauen. Alle, bis auf den einen, der für Markus tabu war. Den sahen sich die Eltern am Abend allein noch mal an.
An einem Samstag nachmittag kam Vater gut gelaunt von seinem Einkauf nach Hause. Natürlich nicht, ohne vorher ein paar Filme ausgeliehen zu haben.
»Ich hab' Gerhard in der Videothek getroffen«, verkündete er, »und wir haben vereinbart, daß wir am Sonntag unsere ausgeliehenen Filme tauschen. Gerhard bekommt unsere Filme, und wir bekommen seine.«
Vater ging zum Kühlschrank und holte sich ein Bier.
»Gerhard und seine Frau haben einen ähnlichen Geschmack wie wir.«
Er nahm einen großen Schluck aus der Flasche.
»Wißt ihr, was das bedeutet?« strahlte er. »Doppelter Filmgenuß zum halben Preis!«
Für Markus war es an vielen Wochenenden sogar ein dreifacher Filmgenuß. Die Eltern nahmen es mit der Zeit nicht mehr so genau, »der Junge ist ja schon elf«, sagten sie, und Markus durfte bleiben und schauen.
Nur manchmal, wenn die Filme gar zu brutal waren, ging er freiwillig in sein Zimmer. Schlafen konnte er dann nicht, zu sehr beschäftigten ihn noch die Bilder und Szenen.

Aber immerhin, vier oder fünf Filme am Wochenende, da konnte er mit Olli und den anderen am Montag in der Schule mitreden, auch mit den älteren Schülern.

Vor acht Monaten schien, zumindest für Markus, die Videofilmzeit zu Ende zu sein.

Nur noch ab und zu brachte Vater einen Film mit nach Hause. Er müsse im Betrieb Überstunden machen, auch am Samstag, da habe er keine Zeit mehr, sich in der Videothek lange nach guten Filmen umzusehen. Und wenn er einen brachte, durfte Markus ihn nicht mit anschauen, das sei ein Film nur für die Eltern.

Auch die Tauschaktion mit Gerhard funktionierte nicht mehr.

Christine vermutete bald, daß hinter den vielen Überstunden eine andere Frau steckte. Ihre Vermutungen bestätigten sich.

Es gab einen Riesenkrach. Hände und Porzellan suchten sich ihre Ziele.

Das ging zwei Wochen so. Dann zog Vater aus, allein in eine kleine Wohnung.

Mit seinem Auszug schien die Filmzeit nun endgültig vorbei zu sein.

»Ich mag nicht in die Videothek gehen«, sagte Christine immer wieder, »ich trau' mich nicht, wegen der Leute.«

Christine war an den Abenden, an denen sie früher Filme gesehen hatten, zu nichts zu gebrauchen. Sie rannte in der Wohnung herum, rauchte eine Zigarette nach der anderen, was sie sonst nie tat, fauchte Markus wegen jeder Kleinigkeit an, schaltete das Fernsehgerät ein, bezeichnete nach wenigen Minuten, nachdem sie alle Programme durchgezappt hatte, alles nur als »blöden Mist« und schaltete wieder ab. Manchmal, beobachtete Markus, hatte sie auch Tränen in den Augen. Wenn er ihr dann vorschlug, doch jemanden einzuladen, oder mit ihm einen Spieleabend zu machen, schickte sie ihn ohne weiteren Kommentar ins Bett.

Mit der Zeit zog Markus es vor, an diesen Abenden ganz in seinem Zimmer zu bleiben.

Eines Tages traute Christine sich doch. Als Markus am Mittag aus der Schule nach Hause kam, fand er auf dem Küchentisch das Branchenverzeichnis aufgeschlagen unter dem Stichwort »Videotheken«. Vor einem der aufgeführten Verleiher war ein Kreuzchen. Markus wunderte sich. Videoshop Schmittstraße, das war doch ein ganz anderer Stadtteil. Sollte Christine etwa ...

Ja, Christine hatte ihren ganzen Mut zusammengenommen, war mit dem Stadtbus in die Schmittstraße gefahren und kam mit ihrem ersten selbst ausgeliehenen Film nach Hause.

»Heute machen wir uns einen gemütlichen Filmabend«, sagte sie voller Stolz.

Christines Mut wuchs im Laufe der Zeit in jeder Hinsicht. Immer öfter fuhr sie mit dem Bus in die Videothek, und je öfter sie fuhr, um so brutaler und gruseliger wurden die Filme, die sie mitbrachte.

»Den hat mir eine Kollegin empfohlen«, sagte sie gelegentlich, »soll nichts für weiche Gemüter sein.«

Wenn Markus mal keine Lust hatte, sich einen ihrer ausgeliehenen Horrorthriller reinzuziehen, wie Christine das öf-

ter ausdrückte, überredete sie ihn mit »Wir trinken auch was zusammen. Ich hab' schon Bier für uns kalt gestellt.«
So bekam Markus oft nur die Anfänge von Christines Horrorfilmen mit, denn nach einer Flasche Bier schlief er ein. Gelegentlich wurde er durch einen kreischenden Aufschrei von Christine für kurze Zeit aus dem Schlaf gerissen, bekam kurze Filmszenen mit, wie zum Beispiel ein menschenähnliches Monster durch ein geschlossenes Fenster in die Wohnung sprang und die Menschen, als seien sie Spielzeuge, hinauswarf oder wie kleinkindähnliche Wesen über Menschen herfielen, sie totbissen und auffraßen. Mit diesen Bildern schlief er wieder ein.
Wenn der Film zu Ende war, weckte Christine ihn, und er torkelte schlaftrunken in sein Bett.
Nur manchmal schaffte er es, wach zu bleiben, sich den Film ganz anzusehen, nicht aber, ohne sich zwischendurch immer wieder mal die Augen oder Ohren zuzuhalten oder hinter Christines Rücken Schutz zu suchen.
Nach einem solchen Filmabend konnte er entweder nicht einschlafen, oder er wachte nachts schweißgebadet auf.
So wie an diesem Tag.
Christine hatte wieder Bier kalt gestellt, ein Päckchen Salzstangen auf den Couchtisch gelegt und sich auf den bevorstehenden gemeinsamen Filmabend gefreut. Daß sie Markus mit Extrafilmen für das kommende Wochenende zum Mitschauen überreden mußte, trübte ihre Laune nicht. Hauptsache, er saß neben ihr. Das wollte sie. Dafür hätte sie alles getan.
Am Anfang war der Film ganz harmlos, fand Markus. In einem Gerichtsprozeß wurde über einen Mordfall an einem

Kind verhandelt. Der Angeklagte bestritt die Tat und erklärte, wenn er schuldig gesprochen und zum Tode verurteilt werde, würde sich eine Katastrophe über die Stadt ausbreiten, dann schliche er sich in die Träume von Kindern, hätte sie damit in der Hand, und diese Kinder würden sich in Monster verwandeln mit messerscharfen Klauen, sie würden sich auf die Jagd machen nach anderen Kindern und sie auf bestialische Art und Weise ermorden. Wie, das wolle er hier nicht darlegen, die Öffentlichkeit würde dann schon davon erfahren.

Im Gerichtssaal brachen entsetzliche Schreie, aber auch Gelächter aus, der Angeklagte wurde von den Geschworenen des Mordes für schuldig befunden, und der Richter verhängte nach allgemeiner Auffassung die einzig gerechte Strafe.

Schon in der ersten Nacht nach der Hinrichtung kam es zu dem ersten Kindermord. Der Tote, zu erkennen als Silhouette vor einem Kinderbett, kroch in den Traum des schlafenden Kindes, und alles geschah, wie bei der Gerichtsverhandlung vorausgesagt.

Bis zu der letzten Szene, dem Einbruch in einen Kindertraum, bei dem das schlafende Kind sich zunächst in ein Monster verwandelte und sich dann auf den Weg zu einem Opfer machte, irgendwo in den Straßen draußen in der Nacht, hatte Markus den Film starr vor Entsetzen verfolgt. Als er in seinem Bett lag, nahm er sich fest vor, nicht einzuschlafen, wach bleiben wollte er, wach bleiben mußte er, damit dieser Tote keine Möglichkeit hatte, sich in seine Träume einzuschleichen, ihn zum Monster zu machen oder ihn gar zu jagen.

Die Nachttischlampe ließ er sicherheitshalber brennen.

Markus steht auf und geht ins Bad. Er dreht den Wasserhahn auf und hält den Kopf unter den kalten Strahl. Noch mal einschlafen will er nicht, auf keinen Fall.
Er schaut auf Christines Armbanduhr, die auf der Ablage unter dem Spiegel liegt. Es ist vier Uhr.

III
Computer

Karlhans Frank

Die Zukunft naht

Hinterm Computer steht das Gesetz.
Hinterm Gesetz steht ein Beamter,
der feierabends sich wundert, weil
Menschen so unordentlich ausschauen,
der manchmal morgens beim Rasieren
erschreckt entdeckt, daß er den Wilden
mehr ähnelt als dem Computer, aber
das vergißt er dann schnell wieder
hinterm Gesetz hinterm Computer.

NINA SCHINDLER

Computeritis

Das Telefon klingelt. Natürlich geht niemand ran. Seufzend wirft Ricki den Lappen in die Spüle und flitzt hin. Ein Freund von Johannes ist dran: Ob er den mal sprechen könnte?

Ricki brüllt hoch in den zweiten Stock.

Nichts.

Sie pfeift auf zwei Fingern.

Nichts.

Sie pfeift auf vier Fingern.

Immer noch nichts.

Sie vertröstet den Anrufer und erklimmt fuchsteufelswild den zweiten Stock, reißt keuchend die Tür zu Klaas' Zimmer auf und sieht einen Vierertrupp dicht gedrängt dasitzen: Alle haben den Blick starr auf die Mattscheibe gerichtet. Johannes und sein Freund Basti halten einen Joystick in der einen Hand, umklammern ihn mit der andern und

vollführen ruckartige, winzige Bewegungen damit, während Klaas und Marvin stumm gaffen.
Das Bild auf dem Monitor flimmert, wechselt rasend schnell, Zahlenkolonnen verraten den jeweiligen Spielstand, und ab und zu entweicht ein leises Stöhnen den Mündern der Spieler und der Zuschauer, wenn das zappelnde bunte Männchen in den tiefen Schacht stürzt oder von einer bunten Seifenblase zum Platzen gebracht wird.
»Telefon, Johannes. Vielleicht kannst du mal diese wichtige Tätigkeit kurz unterbrechen?«
Rickis Hohn verpufft. Johannes starrt unentwegt auf die Mattscheibe und sagt nur: »Nee, geht jetzt schlecht. Wer ist es denn, und was will er? Kannst du das nicht klären?«
Ricki schnappt nach Luft.
Diese Zombies!
Diese Computeridioten!
Sie ist kurz davor, einen der Joysticks an sich zu reißen und aus dem Fenster zu schmeißen. »Du bist wohl nicht ganz dicht! Du gehst jetzt sofort selber hin und kümmerst dich um deinen Anruf!«
»Ricki!« Ein empörter Aufschrei aus tiefstem Herzensgrund. »Das geht jetzt echt nicht! Ich brech grad meinen eigenen Rekord!«
»Du hast wohl einen Schatten, du bist ja nicht mehr ganz von dieser Welt, du!« Aber Ricki merkt, daß ihr keiner mehr zuhört, und sie hat keine Lust, vor den Kumpanen ihrer großen Brüder als Furie herumzutanzen. Als letzten Racheakt reißt sie noch das Fenster auf, damit den Düften, die den dicht zusammenhockenden Körpern entströmen, ein bißchen Frischluft beigemischt wird.

Dann erledigt sie ihren Auftrag am Telefon und schwört sich, in Zukunft Butler-Zulage von Johannes und Klaas einzufordern.

Beim Abendbrot erhofft sie sich von den Eltern Verstärkung und wütet los. »Sag mal, was fällt dir eigentlich ein, daß du einfach nicht ans Telefon gehst, wenn dich der Computerfimmel in den Klauen hat? Seid ihr eigentlich total bekloppt? Ihr solltet euch mal sehen als Computerzombies, wenn ihr dasitzt und glotzt und glotzt und euch überhaupt nicht von der Stelle bewegt. Ein gräßlicher Anblick!«
»Und was willste, was wir machen sollen?« Klaas schnappt sich die letzte Salamischeibe und grinst.
»Vielleicht hin und wieder mal ein Buch lesen, statt immer nur vor dem Bildschirm zu hängen und Knöpfchen zu drücken!«
Die Eltern sehen gespannt zu und murmeln etwas Beifälliges. Das ist aber nichts Besonderes, denn beide sind lesesüchtig.
Klaas grinst. »Ach, und beim Lesen schaust du nicht zufällig immer in eine bestimmte Richtung? Und dabei joggen tust du doch auch nicht, oder?«
Ricki beißt sich auf die Zunge. Das weiß sie auch, daß man beim Bücherlesen keine Purzelbäume schlägt, haha. Vorsichtshalber gibt sie Klaas unter dem Tisch einen Tritt, damit er nicht denkt, sie würde klein beigeben.
»Bloß weil du von Computern keine Ahnung hast, brauchst du dich noch lange nicht so aufzuspielen.« Johannes spricht mit vollem Mund, aber statt daß er dafür

den üblichen Rüffel einheimst, knurrt der Vater eher etwas Zustimmendes.
Ricki schaut die Mutter an, und die schaut den Vater strafend an. »Also, ich finde, Ricki hat recht. Den Dienstboten spielen ist schon ziemlich ätzend, aber dann auch noch wegen solch dämlicher Spiele – also nein! Das ist wirklich eine Zumutung!«
»Komm, Mama, du hast doch selbst gesagt, man soll nicht schlecht über Dinge reden, die man gar nicht kennt. Ricki soll nachher mal mit raufkommen und sich das selbst ansehen, okay?« Johannes grinst seine Schwester frech an. »Wir zeigen dir mal ein richtig tolles Computerspiel, ja? Es gibt nämlich nicht nur Schrott oder Plattmacherspiele, ehrlich.«
Ricki weiß, wann sie geschlagen ist. »Na gut.«
Vielleicht kriegt sie so mehr Munition für Argumente gegen stundenlanges Computerisieren.
Nach dem Abendbrot klettert sie mit den Brüdern wieder die Treppen hoch bis in den zweiten Stock.
»Bitte, nimm Platz!« Johannes zeigt auf den Hocker vor dem Computertisch. »Das Spiel des heutigen Abends heißt Sim City, und – ob du's glaubst oder nicht – gleich wirst du eine ganze Stadt konstruieren.«
Schon flimmert der Bildschirm, das Spiel ist installiert, und man sieht die Landschaft, in der die neue Stadt gebaut werden soll. Das Terrain ist sowohl als Reliefkarte als auch als Karokästchen am Reißbrett zu sehen, und Ricki wird als erstes in die Planung der Energieversorgung eingeweiht. Weil sie eine Umweltfreundin ist, entscheidet sie sich für Windräder. Die sehen zwar ziemlich schaurig aus, so mit-

ten in der Landschaft, sind aber billig. Bei der Wasserversorgung klappt eine Vernetzung nicht – na klar, da muß eine zusätzliche Pumpe hin. Jetzt bestimmt sie die Straßenführung – sie ist gegen eine zusätzliche U-Bahn, als sie merkt, wie teuer die ist, denn für das ganze Unternehmen steht ihr ein festes Budget zur Verfügung, das nicht überschritten werden darf.

»Doch, doch, die brauchen wir«, versichern die Brüder und geübteren Städteplaner, »sonst kriegen wir keine Bewohner. Die wollen nämlich keinen Verkehr in der Stadt.«

Sie errichten eine Schule und ein Krankenhaus am Park, das letztere leider mit Aussicht auf die Windräder, die aber nach Auskunft von Johannes und Klaas, den beiden Experten, keinen Krach machen. Nun brauchen sie noch Gewerbefläche, und die wiederum muß an Strom und Wasser angeschlossen werden.

Die Wirklichkeitsnähe und die Kompliziertheit des Ganzen verschlagen ihr den Atem, dagegen ist Ökolopoly wirklich Kinderkram. Wenn nur die Graphik nicht so abscheulich amerikanisch wäre! Ricki hätte lieber Krankenhäuser im Bungalowstil – wer will schon in einem sterilen Hochhaus seine Blinddarmnarbe pflegen?

Mittlerweile ist sie von der Stadtplanung völlig fasziniert und macht Vorschläge, die jedoch meistens zurückgewiesen werden, weil sie keine Ahnung von den Kosten hat oder davon, wie zum Beispiel die Polizei und die Feuerwehr eingeplant werden müssen. Zu guter Letzt bauen sie noch eine Brücke vom Hafen hinüber zu dem Industriegebiet, und dann wird die Stadt von Klaas und Johannes für fertig erklärt. Außerdem ist auch der Stadtsäckel leer, besonders, weil sie einmal statt einer Wasserleitung lauter Pumpen gebaut haben und das Abreißen ebenfalls Geld kostete.

Tja, und nun entrollt sich die fertige Siedlung vor ihrem Blick und gleichzeitig die finanzielle Situation.

»Scheiße«, sagt Johannes. »Keine Steuern, bloß Schulden.«

»Kein Wunder«, sagt sein Bruder, »wenn du in das Industriegebiet keinen Strom verlegt hast. Und außerdem haben diese blöden Windräder nur vier Megawatt – das bringt doch gar nix.«

Ricki seufzt leise, während die Brüder das Für und Wider alternativer Energien heftig diskutieren. Dann räuspert sie sich. »Hört doch mal eben auf. Ich will das auch können. Richtig. Wer bringt mir das bei?«

Klaas und Johannes sehen sich an.

»Äh«, sagt Johannes. »Wie meinst du das?«

»Och«, sagt Ricki kühl. »Ihr müßt mir das jetzt zeigen. Ich werde jetzt Oberbürgermeisterin von Sim City, und dann muß das alles richtig klappen. Schuldenfrei und so.«

Klaas grinst. »Da haben wir uns was eingebrockt, Jo. Na gut, morgen zeig ich dir das noch mal alles ganz langsam, und später kannst du's selbst austüfteln.«

»Ja«, sagt Ricki zufrieden. »Und wenn ich's dann kann, bring ich's Mama bei.«

NEVFEL A. CUMART

Der zweite Bill

Sie hatten ihn vor einigen Tagen spätabends auf die Station gebracht. Bis heute sprach er kaum ein Wort mit jemandem, weder mit den Krankenschwestern, noch mit den Ärzten. Auch sein Zimmernachbar, ein Junge namens Robert, versuchte es mehrmals, bis er schließlich aufgab. Dr. Schmidt, der behandelnde Arzt, nahm sich vor, seinen jungen Patienten nicht zu bedrängen, aber es waren inzwischen fünf Tage vergangen. Heute nachmittag wollte er einen neuen Versuch wagen und ließ den Jungen in sein Gesprächszimmer bringen.

»Kommen Sie herein, Thomas. Wie fühlen Sie sich heute?«

»Es geht. Mir ist langweilig.«

»Wissen Sie überhaupt, warum Sie bei uns sind?«

»Wieso siezen Sie mich eigentlich? In der Schule werden wir auch geduzt.«

»Also gut, wenn du möchtest, duze ich dich. Weißt du, warum du zu uns gebracht wurdest?«
»Ich habe Scheiße gebaut.«
Thomas vermied es, den Arzt direkt anzuschauen, seine schwarzumrandeten Augen schwirrten hilflos im Raum umher. Immer wieder fuhr er mit seiner trockenen Zunge über die Lippen, die angeschwollen waren. Er hatte seine Schultern angezogen und hielt beide Arme leicht gekrümmt vor dem Bauch.
Dr. Schmidt wußte, daß dies die unvermeidlichen Nebenwirkungen waren, die die verabreichten Medikamente hervorriefen. In all den Jahren hätte er sich an diese Erscheinungen gewöhnen sollen, doch immer wieder bewegte ihn solch ein Anblick schmerzlich.
Gestern waren die Eltern von Thomas in seiner Sprechstunde erschienen und hatten sich lange mit ihm unterhalten. So ganz wollte das Bild des Jungen vor ihm nicht zu dem passen, was ihm die Eltern über ihren Sohn erzählt hatten. Sie klagten darüber, daß er schon seit Tagen nicht mehr zur Schule gehe und sich kaum noch aus seinem Zimmer hinausbegebe. Er vermeide den Kontakt zu seinen Eltern, verstumme regelrecht. Die Atmosphäre dabei sei zusehends angespannter geworden. Schließlich sei er in einem Tobsuchtsanfall auf seine Mutter losgegangen und dabei in Ohnmacht gefallen. »Der hatte richtig Schaum vor dem Mund«, hatte sein Vater sich entsetzt.
»Deine Eltern waren gestern in meiner Sprechstunde. Es bedrückt deine Mutter sehr, daß du nicht mit ihr reden möchtest.«
»Hab' ihr nichts mehr zu sagen!« Eine Spur von Trotz kam

in Thomas' Stimme auf. »Die versteht mich doch sowieso nicht, da kann ich mir genausogut die Puste sparen!«
»Wenigstens redest du jetzt mit uns«, lächelte ihn der Arzt an, »das ist auch schon ein erfreulicher Fortschritt.«
Dr. Hans Schmidt strahlte eine gemütliche Ruhe aus. Sein grauer, gepflegter Vollbart verlieh ihm ein gütiges Aussehen. Er war der Typ älterer Herr, auf dessen Schoß sich gerne kleine Kinder setzten und sich mit ihm unterhielten, auch wenn sie ihn gar nicht kannten. Daß er von Natur aus ein geduldiges Wesen besaß, kam ihm in seinem Beruf sehr zugute.
»Möchtest du mir nicht erzählen, was in den letzten Tagen bei euch passiert ist?«
»Was soll ich Ihnen denn erzählen?« Thomas blickte aus dem Fenster hinaus in den angrenzenden Wald.
»Wieso hast du dich mit deinen Eltern verkracht?«
»Die verstehen mich nicht. Ewig hängen die mir in den Ohren, daß ich die Schule vernachlässige. Dabei bin ich gar nicht so schlecht, außer in ein, zwei Fächern. Als ich neulich nach Hause kam, hatte mein blöder Vater meinen Computer in der Abstellkammer versteckt. Zur Strafe, sagte er, weil ich in der letzten Englischarbeit eine Fünf geschrieben habe.«
»Damit warst du sicher nicht einverstanden.«
»Das war so richtig fies von ihm. Ich habe mich dann in meinem Zimmer verkrochen und bin einfach nicht mehr rausgegangen.« Thomas holte tief Luft. Dr. Schmidt spürte, daß sein Gegenüber sichtlich ermüdet schien von dem kurzen Gespräch.
»Spielst du denn gerne am Computer?«

»Spielen?« Thomas richtete sich im Sessel auf, als ob er aufbegehren wolle, beugte sich aber mit seinem Oberkörper weit nach vorn und sank in sich zusammen. »Auf jeden Fall macht es mir Spaß, mehr, als Englisch-Vokabeln zu pauken«, antwortete er mit leiser Stimme.
Er erhob sich abrupt, blickte mit einem gequälten Gesicht auf den Arzt. »Kann ich jetzt wieder ins Bett gehen, bitte?«
»Ja, natürlich, geh nur. Wir sehen uns morgen.«

Einige Tage später wanderte Thomas unruhig den Korridor auf und ab. Die Besuchszeit am Abend war längst vorbei, und es herrschte eine Friedhofsstille auf der Station, die ihn bedrückte. Aus einem Zimmer am Ende des Korridors fiel ein Lichtschein durch den Türspalt, zog ihn förmlich an. Dr. Schmidt saß an seinem Schreibtisch und arbeitete am Computer. Thomas hatte ihn bisher immer nur im Gesprächszimmer getroffen, noch nicht in seinem eigenen Büro. Er gab sich einen Ruck und öffnete die angelehnte Tür.
»Hallo, Onkel Doc.«
»Du schaust zuviel fern, Thomas.« Dr. Schmidt blickte flüchtig von seinem Schreibtisch auf.
»Kann ich Sie mal 'ne Minute sprechen?«
»Im Augenblick nicht, du siehst, ich bin sehr beschäftigt«, antwortete Dr. Schmidt kurz angebunden. Er starrte wieder ungläubig auf den Bildschirm, von dort auf den Drucker, der auf einem niedrigen Bord neben dem Schreibtisch stand.
»Mein Gott, diese Maschine bringt mich noch zum Wahnsinn«, stöhnte der Arzt, dem der Schweiß auf der Stirn stand.

»Wo drückt denn der Schuh, Doc?«
Dr. Schmidt wandte sich Thomas zu. »Erst sprichst du tagelang kein Wort, und jetzt wirst du sogar übermütig. Bitte laß mich allein, Thomas, ich muß noch etwas wirklich Dringendes erledigen.«
Er blickte den Jungen gar nicht mehr an, sondern tippte auf der Tastatur des Computers. Thomas stand noch immer in der Tür, aber anstatt den Raum zu verlassen, trat er näher an den Schreibtisch des Arztes heran.
»Was haben Sie denn für ein Problem?«
Dr. Schmidt fuhr herum und wollte ihn energisch anfahren, besann sich jedoch im letzten Augenblick eines Besseren. Er zeigte auf den Bildschirm.
»Ich habe hier einen Vortrag, den ich vor einem Monat auf einem Kongreß gehalten habe. Die Beiträge sollen veröffentlicht werden. Morgen ist der letzte Tag für mich, meinen Beitrag abzuschicken, aber dieses verflixte Gerät druckt ihn einfach nicht aus«, stöhnte er mißmutig. »Dabei haben mir die Leute von der Verwaltung einen neuen Drucker hingestellt, damit angeblich die Qualität besser wird.«
»Darf ich mir das mal anschauen?« bat Thomas.
»Ich habe wirklich keine Zeit für irgendwelche Experimente.«
»Ganz kurz nur, Herr Doktor!«
Ehe der Arzt sich versah, hatte Thomas die Tastatur zu sich an den Tischrand gezogen und schlug darauf ein. Der Text auf dem Bildschirm verschwand plötzlich, vor dem schwarzen Hintergrund erschienen am linken Rand einige Zeichen, dann waren kurz farbige Bilder und Symbole zu sehen, bevor Thomas andere Tasten drückte. Seine Augen

glänzten, als er gebannt auf den Bildschirm starrte. Er schnalzte mit der Zunge. »Wow, das ist ja 'ne tolle Kiste!« Seine Finger flogen förmlich über die Tastatur, ohne daß er darauf schaute. Ein Lächeln huschte über sein Gesicht.
»Na klar, das ist es. Sie haben nicht den richtigen Druckertreiber, Doc.«
»Einen was? Da steht doch der Drucker! Der ist völlig neu!«
»Nein, nein. Der Drucker ist bloß die Hardware, das ist einfach nur die Maschine. Sie brauchen noch ein Extraprogramm, das auf den Drucker abgestimmt ist und ihn an Ihren Computer anpaßt.«
»Das sind alles böhmische Dörfer für mich.« Dr. Schmidt holte tief Luft und wischte sich den Schweiß von der Stirn, nun war es an ihm, hilflos dreinzuschauen.
Thomas hingegen schaute den Arzt beruhigend an. »Warten Sie, ich kenne da einen Trick, das kriegen wir schon hin. Ich lasse Ihnen den Text direkt auf die Diskette schreiben, und dann können wir es mit einem speziellen Befehl über das Betriebssystem ausdrucken lassen.«
Noch während er sprach, wandte sich Thomas wieder der Tastatur zu. Er rief verschiedene Menüs am Bildschirm auf, die Dr. Schmidt niemals zuvor in seinem Textverarbeitungsprogramm gesehen hatte. Er sah die kleine, grüne Lampe am Diskettenlaufwerk aufleuchten.
»Das dauert jetzt einen kleinen Augenblick«, klärte Thomas den ratlosen Arzt auf, »und wenn Sie wollen, stelle ich Ihnen später mal die richtige Systemkonfiguration ein. Dazu brauche ich aber ein paar Angaben über die Geräte.«

Es dauerte keine drei Minuten, da begann der Drucker anzuspringen, und die so sehnlichst gewünschten Seiten kamen eine nach der anderen heraus.

»Das wär's«, grinste Thomas spitzbübisch und überreichte dem Arzt die ausgedruckten Seiten. Dr. Schmidt konnte seine Überraschung kaum verbergen. Gleichzeitig spürte er, daß er seinem jungen Patienten nun so nahe war wie in den letzten zwei Wochen nicht. Erleichtert darüber, daß seine Arbeit erledigt war und er den Abgabetermin pünktlich einhalten konnte, lehnte er sich in seinen Sessel hinter dem Schreibtisch zurück.
»Alle Achtung!« Er zog anerkennend die Augenbrauen hoch. »Woher weißt du das alles, Thomas?«
»Ach, das ist nichts wahnsinnig Besonderes, das habe ich mir selbst beigebracht.«
Er druckste ein wenig herum, so, als ob ihm die Frage unangenehm wäre. Wie um einer weiteren Frage auszuweichen, zeigte er auf den ausgedruckten Beitrag des Arztes.
»Warum drucken Sie das Zeug da überhaupt aus? Sie können das doch direkt rüberfaxen!«
»Ich muß es doch erst ausdrucken, um die Seiten in das Faxgerät einzulegen.«
»Nein, Doc, eben nicht. Das können Sie sich alles schenken. Wenn Sie ein Modem haben, können Sie das direkt von Computer zu Computer senden.«
Der Doktor atmete lächelnd aus und schüttelte dabei seinen Kopf. »Das ist mir alles eine Spur zu hoch.«
»Das ist alles halb so wild! Hören Sie, Doc, Sie können per

Computer mit Ihren Kollegen quatschen und Ratschläge austauschen, Briefe, Infos verschicken und abrufen, wann immer Sie Lust darauf haben. Wenn Sie wollen, können Sie sich mit Internet auch in die Archive und Bibliotheken von Unis einklinken.«
Als Thomas das erstaunte Gesicht von Dr. Schmidt bemerkte, freute er sich und fuhr überschwenglich mit seiner Aufklärung fort.
»Angenommen, Sie haben da ein Problem und grübeln wie ein Weltmeister: Hauen Sie das rein und fragen andere Teilnehmer im Netzwerk.« Er zeigte auf den Computer. »Das geht rund um den Globus! Irgend jemand, der etwas davon versteht, egal, ob in Deutschland, Amerika oder Australien, wird Ihnen bestimmt antworten. Sie können richtig mit Ihren Kollegen auf der ganzen Welt palavern.«

Dr. Schmidt hatte Thomas seit drei Tagen nicht gesehen. Nun wunderte er sich über den spritzigen Elan seines jungen Patienten. Wie sehr mußten ihm die Medikamente zur Ruhigstellung zugesetzt haben. Nachdem die Dosierung gesenkt worden war, sprach Thomas völlig unverkrampft. Es wurde Dr. Schmidt einmal mehr deutlich, daß sein Beruf sehr eng mit der Vergabe starker Medikamente verbunden war. Wenn Patienten zu ihnen auf die Station kamen, deren seelisches Gleichgewicht massiv gestört war, blieb ihnen oft nur ein starkes Beruhigungsmittel als erster Behandlungsschritt übrig. Und wenn der Patient auf die Zusammenstellung und Dosierung der Medikamente nicht gut ansprach, dann litt er sehr schmerzlich unter den unangenehmen Nebenwirkungen. Dieser Junge war zwei Wochen lang ein Häufchen Elend gewesen, jetzt erst schimmerte durch, wie lebendig und pfiffig er sonst wohl zu sein schien.

»Kennen Sie Bill Gates, Doc?«

Dr. Schmidt wurde aus seinen Gedanken gerissen. Es störte ihn mittlerweile gar nicht mehr, »Doc« genannt zu werden.

»Nein, ich kenne nur Bill Clinton«, lächelte er Thomas an.

»Vergessen Sie Bill Clinton, der sieht doch nur ein paar müde Mark in seinem Weißen Haus«, entgegnete Thomas mit einer mitleidsvollen Stimme und winkte mit dem rechten Arm ab. »Bill Gates ist Multimilliardär! Und wissen Sie, wie der das geschafft hat?«

»Bestimmt war er kein Präsident.«

»Der Typ ging mit neunzehn Jahren von der Uni und bastelte in der Garage seiner Eltern einen Computer, und jetzt gehört ihm die größte Softwarefirma der Welt! Der weiß gar nicht, wohin mit der ganzen Kohle!«

»Der muß aber unwahrscheinlich viel Glück gehabt haben, denke ich mir«, schmunzelte der Arzt.

»Nee, nee, Doc, der Mann hat einfach gewußt, was er wollte. Der hat seine Zeit nicht mit nutzloser Paukerei verbracht.«

»Und du willst ein zweiter Bill Gates werden?«

»Warum nicht? Ich weiß, daß ich so etwas packe. In der Schule vergeude ich doch nur meine Zeit. Mit dem Kram, den ich dort lerne, kann ich eh nichts anfangen.«

Dr. Schmidt horchte auf. »Was macht dich so sicher?«

»Wenn ich noch weiter zur Schule gehe bis Ende der Zehnten, dann quäle ich mich echt nur rum. Das bringt doch nichts. Verstehen Sie mich, Herr Doktor?«

Die Augen des Jungen hingen förmlich an den Lippen des Arztes, der nicht sogleich antwortete. Dr. Schmidt wiegte den Kopf, nickte einige Male bedächtig. »Ja, ich glaube, ich verstehe schon, was du meinst. Aber das ist wirklich eine schwierige Angelegenheit. Am besten, wir unterhalten uns morgen ganz in Ruhe und ausführlich darüber. Nicht jetzt, so spät am Abend, wo wir beide müde sind. Was hältst du davon?«

Thomas verharrte einen Augenblick auf dem Stuhl, schlug sich mit den Händen auf die Oberschenkel und stand ruckartig auf. »Gut, dann bis morgen, und vielen Dank«, verabschiedete er sich auf dem Weg zur Tür.

»Nein, ich danke dir, Thomas.« Dr. Schmidt hielt die Blätter in seiner Hand in die Höhe. »Du hast mir sehr geholfen. Wir sehen uns morgen nachmittag.«

Dr. Schmidt setzte sich in den bequemen Sessel, schlüpfte aus seinen Schuhen und streckte die Beine aus. Ein langer Tag lag hinter ihm, und er spürte die Müdigkeit in seinen Gliedern. Er wollte den Text vor sich erneut überfliegen, doch seine Gedanken schweiften immerzu ab, gingen viele Jahre zurück. Der heutige Abend weckte Erinnerungen an seine eigene Jugend, an den Lebensweg, den er damals eingeschlagen hatte. Schon als kleiner Junge faszinierten ihn das Innenleben und die Verhaltensweisen des Menschen. Was geht in den Köpfen der Menschen vor, was spielt sich seelisch ab, hatte er sich gefragt, warum reagieren sie in bestimmten Situationen so und nicht anders? Psychiater zu werden, das war sein Traumberuf, das wollte er unbedingt später studieren, entschloß er sich, lange bevor er die Schule beendete. Doch seine Eltern protestierten heftig, versuchten unermüdlich, ihm den Beruf des »Seelenklempners«, wie sie sagten, auszureden. Sie erwarteten von ihm, daß er in die Fußstapfen des Vaters trat und als Anwalt die alteingesessene Kanzlei übernahm. Sich gegen die Widerstände in seiner Familie durchzusetzen fiel ihm sehr schwer, war mit heftigen, manchmal leidvollen Auseinandersetzungen verbunden gewesen. Aber er blieb hartnäckig, setzte zu guter Letzt seinen Kopf durch, und er hatte es bis zum heutigen Tage nicht bereut. Im Gegenteil, er mochte nach wie vor seine Arbeit, mochte den Kontakt mit den Menschen und fühlte sich glücklich, wenn er seinen Patienten helfen konnte. Diese innere Zufriedenheit war für ihn das untrügliche Zeichen dafür, den richtigen Weg im Leben eingeschlagen zu haben. Er hatte auch nicht vollends mit seinen Eltern gebrochen. Irgendwann nach langer Zeit konnte er sie schließlich überzeugen, sahen sie seine Beweggründe ein. Denn ist nicht im Leben die innere Kraft des Menschen, seine Ausgeglichenheit und seelische Stabilität, weitaus wichtiger als bestimmte schulische Kenntnisse? Und läßt sich nicht diese innere Kraft nur dann gewinnen und vor allem bewahren, wenn wir unsere Fähigkeiten erkennen, sie ausbauen können und dürfen?

Dr. Schmidt löschte das Licht und verließ sein Büro. Er freute sich auf das Gespräch morgen und empfand Zuversicht, was den zukünftigen Weg seines jungen Patienten betraf.

Hartmut von Hentig

Der Computer

Der Computer wird die Schule und ihren Auftrag verändern, gleich, ob sie sich auf ihn einläßt oder nicht. Sie wird sich vermutlich um so mehr ändern, je weniger sie sich mit ihm befaßt.

Diese Sätze sind in einer Hinsicht offenkundig überholt: Die Computer haben längst Einzug gehalten. Dreiviertel aller Mittelstufen und sämtliche Oberstufen sind mit Computern ausgestattet.* In einer anderen Hinsicht nicht: Die Schulen haben nicht verstanden, wie grundsätzlich der damit beginnende Wandel ist. Sie sehen im Computer so etwas wie einen neuen Unterrichtsgegenstand und in der ihn erklärenden Informatik nichts als ein weiteres Fach. Wo sie mehr darin sehen, merken sie nicht, daß sie den herkömmlichen Auftrag der allgemeinbildenden Schule auf-

* Das berichtet die Zeitschrift PÄDAGOGIK im Heft 4/1992, S. 58.

geben. Auch die Erziehungswissenschaft überläßt das Nachdenken über die Grundfragen dieses Mediums einigen sendungsbewußten Einzelgängern oder den Philosophen, Psychologen und Mathematikern; sie, die diesen Golem geschaffen haben, verstehen sich auf seine Schwächen und seine Gefahren und wollen seiner Herr bleiben. Die Pädagogik ist wieder einmal bereit, einem Unbekannten zu dienen, wenn er nur imponierend auftritt.
Die Grundsatzdebatte um Wesen und Unwesen des Computers kann hier nicht geführt werden. Für eine einfache Darstellung weiß man zuviel, für eine einfache Entscheidung weiß man zuwenig über dieses sich bisher mit unerhörter Virulenz entwickelnde Gerät. Ich beschränke mich auf die immer noch recht komplexe Frage, welchen Tatsachen, welchen Versprechungen, welchen Aufforderungen, welchen Befürchtungen die Schule durch den Computer ausgesetzt ist und zu welchen Überlegungen dieser sie nötigt. Die Beschränkung fällt mir insofern nicht schwer, als ich meine Gedanken über die Anfechtung unserer Kultur durch den Computer und seine Verbindung mit der

---

* Hartmut von Hentig: Das allmähliche Verschwinden der Wirklichkeit. Ein Pädagoge ermutigt zum Nachdenken über die Neuen medien, München 1984 (Carl Hanser); erweitere Auflage 1987. Ders.: Der technischen Zivilisation gewachsen bleiben, in: Björn Engholm (Hrsg.): Demokratie fängt in der Schule an, Frankfurt a. M. 1985 (Eichborn Verlag). Ders.: Sokrates hatte keinen Sklaven. Eine Stellungnahme zu Claus Eurich: Computerkultur – ein Begriff macht Karriere, in: Bildschirm, Faszination oder Information, Friedrich Jahresheft III, Seelze 1985 (Friedrich Verlag). Ders.: Werden wir die Sprache der Computer sprechen? In: Neue Sammlung, Heft I, 1987. Ders.: Wir brauchen Leser. Wirklich? Konstanz 1990 (Faude Verlag).

Telekommunikation anderwärts niedergelegt habe, den Leser also bitten kann, dort nachzulesen.* Dennoch muß ich dieser schwierigen Veränderung mehr Platz einräumen als den anderen: Sie ist die unheimlichste.

Ich gliedere meine Darstellung nach »Faktoren«, mit denen der Computer der Schule zusetzt:

1.) Der Computer schafft neue gesellschaftliche Verhältnisse.

2.) Der Computer begünstigt eine bestimmte Denkweise.

3.) Der Computer verspricht der Schule Hilfen im Unterricht.

Zu allen drei Feststellungen haben sich Meinungen gebildet, und diese wirken – schon in Form »pädagogischer« Argumente – auf die Schule ein: sie müsse X vorbereiten, Y abwehren, Z berücksichtigen, wenn sie »ihren Auftrag« erfüllen wolle. In dieser Auseinandersetzung wird die Schule – auf allen drei »Ebenen« – klare Entscheidungen fällen müssen. Wenn sie unentschieden bleibt, wird sie den Entwicklungen anheimfallen, werden diese über sie entscheiden.

Eine neue Kulturtechnik

Das erste Argument wird stets das von der Zweiten Technisch-Industriellen Revolution sein, die die Erste potenziert hat – sie hat die Kraft-Maschinen durch die Intelligenz-Ma-

* Bundsweiter Wettbewerb »Schüler schreiben – Treffen junger Autoren«, Berliner Festpiele GmbH, Budapester Str. 50, 10787 Berlin.

schinen vollendet. Die Rationalisierung durch Automatisierung folgt der Logik unseres Wirtschaftssystems. Arbeitskräfte werden eingespart, wenn sie teurer sind als die sie ersetzende Technik. In den hochentwickelten Industrienationen sind die Arbeitskräfte nicht nur »leider« teuer, sie müssen es sein, damit die Produkte der Arbeit auch gekauft werden. Die reichen Länder sind noch immer die besten Kunden der anderen reichen Länder und ihrer Produktivität. Arbeiter, die wenig verdienen, konsumieren wenig. Umgekehrt sucht die Wirtschaft den Preis ihrer Produkte durch Minderung der Herstellungskosten dauernd zu senken. Wir haben gar nicht die Wahl zwischen Bescheidung und Rationalisierung. Wir müssen rationalisieren, ja dies zum Mittel unseres Vorsprungs vor anderen Industrienationen machen, uns jedenfalls nicht allzu weit von den USA, Japan, Hongkong und demnächst Korea, Singapur, Taiwan überholen lassen. Die rohstoffarme Nation Deutschland wird sich zunehmend durch elektronisches *Know-how* behaupten, so, wie sie es im 19. Jahrhundert durch die Wissenschaft der Liebig und Helmholtz, der Ostwald und Röntgen, durch die Technik der Siemens und Borsig, der Krupp und Bunsen getan hat – und das heißt durch ihre Bildungsanstalten. Der Staat hat den Auftrag der Vorsorge – hier nimmt er ihn durch Schulen und Hochschulen wahr.

Die weiteren Argumente folgen auf dem Fuß: 40 Prozent aller Berufstätigen haben heute schon mit Computern zu tun – und die Zahl nimmt zu. Praktisch alle kaufmännischen, administrativen und wissenschaftlichen Tätigkeiten werden heute an Computern verrichtet, ein Großteil der Fertigung

der Industrie und des Handwerks geschieht unter Verwendung von Computern. Nur etwa ein Drittel der Berufe gilt als langfristig gegen Algorithmisierung resistent – die Berufe des Pflegers, des Kraftfahrers, des Reinigers, des Tischlers, des Malers, des Installateurs, des Kochs ... In dieser Rubrik wird der Lehrer vorsichtigerweise nicht geführt.
Wenn der Computer »draußen« diese allgemeine Verbreitung und Bedeutung hat, dann, so ist zu hören, sei nicht einzusehen, warum seine Beherrschung nicht zu den Kulturtechniken gehöre, für deren Verbreitung und Sicherung die Schule zuständig ist – neben Rechnen, Schreiben, Lesen und in den USA seit Jahrzehnten dem Maschineschreiben, dem Autofahren und Erster Hilfe.
Das Argument zieht um so besser, wenn man die Meinung vertritt, daß die Schule an der Herstellung von Chancengleichheit oder -gerechtigkeit mitzuwirken habe. Alle sind sich einig, daß fundamentale = grundlegende Bildungsgüter allen jungen Menschen nach Maß ihrer Fähigkeit und ihres Leistungswillens zugänglich sein sollen. Kommt der Computer in der Schule nicht vor, haben diejenigen den Vorteil, die sich ihm schon »während der Schule außerhalb der Schule« zuwenden, weil sie dies wissen und weil sie sich einen leisten können.
Aber so einfach, so harmlos ist die Sache nicht. Die Befürchtung liegt nahe, daß sich eine Zweiteilung der Bevölkerung einstellen werde – in die Hersteller und Programmierer einerseits und die bloßen Anwender andererseits. Es entstehe eine Expertokratie, und zwar besonders rigoroser Art, weil sie ja nicht über einzelne Mittel, sondern über ganze Mittelsysteme verfüge – mit Konsequenzen für das

Profil des Berufs, den Arbeitsplatz, die sachlichen Ergebnisse. Kann die öffentliche Schule davon absehen, daß, wie und wo sich eine solche Ungleichheit einstellt? Und wie wird sie mit dem Odium umgehen, *sie* habe den einen zum einen, den anderen zum anderen gemacht?

Ob diese Befürchtung zutrifft oder nicht, in beiden Fällen stellt der Computer der Schule ein Problem: Entweder er bringt zwei soziale Kasten hervor oder zwei Kulturen, nämlich zwei Formen von Bewußtsein.

Von der so erzeugten politisch-sozialen Ungleichheit ist die Verstärkung der vorhandenen kognitiven Ungleichheit durch den Computer zu unterscheiden, vornehmlich weil die beiden Feststellungen an ganz verschiedene Empfindlichkeiten rühren und ganz verschiedene Reaktionen hervorrufen. Mehrere Untersuchungen bestätigen eine Theorie, derzufolge Menschen mit einer besseren Bildung mehr von den Medien profitieren als die Menschen mit geringerer Bildung. Mit anderen Worten: Die schon Schlauen werden schneller noch schlauer als diejenigen, die – aus welchen Gründen auch immer – die schlechteren Startvoraussetzungen haben. Die Medien sind gerade nicht die großen Demokratisierer, als die sie erscheinen – vollends wird es nicht der Computer sein, wenn er zu *dem* Instrument der Erkenntnisverarbeitung und Lebenssteuerung der Gesellschaft geworden ist. Wird er auch zum Mittel der Bildung, macht er in sich die Bemühungen der Schule zum Ausgleich zunichte. Es gibt nicht nur zwei Etagen in dieser Mediengesellschaft, die Treppe zwischen ihnen ist *topsy-turvy* und von Maurits Cornelis Escher entworfen: Man steigt auf und kommt unten an.

Hieran schließt sich die frühe und einschlägige Beobachtung an, daß Mädchen zu Hause in der Regel keinen Computer besitzen und auch nicht bei Nachbarn oder in Clubs mit ihnen spielen, arbeiten oder sonstwie vertraut werden wie ein großer Prozentsatz der Jungen.
Ja, ein damit verbundenes Argument drängt sich alsbald in allen Diskussionen um Computer und Schule gebieterisch nach vorn: Seit es Computer gibt, interessieren sich Kinder und junge Menschen ganz besonders für sie, ähnlich wie für Autos, Raumfahrt und Dinosaurier, aber auch für Ökologie, Dritte Welt, Hilfe für Bosnien. Eine Schule, die diese Tatbestände unserer Gegenwart ignoriert, gar scheut, verliert ihren Anspruch auf Führung und Belehrung der Jugend.
Umgekehrt, wenn Erwachsene bestimmte Tätigkeiten nicht mehr tun (lesen, weil man »hört-und-sieht«; schreiben, weil man telefoniert oder auf Band spricht oder das Dokument faxt; rechnen, weil das der Computer besorgt), werden Kinder nicht einsehen, warum sie dies mühsam lernen sollen. Daß das, was sie als Mühsal empfinden, erstens dies nicht sein müßte (es kann erfreulich sein wie die Anstrengung im Fußballspiel oder die Übung am Skateboard) und zweitens das ist, was die Kulturtechniken pädagogisch so wichtig macht: ihre Wirkungen auf die Person mehr als ihr Nutzen oder ihre Notwendigkeit in unserem Leben, das wissen meist auch die Lehrer nicht. Mit Rechnen, Schreiben, Lesen (wenn man sie richtig lehrt) erwirbt das Kind Selbstvertrauen, genießt es die Beherrschung und Ausübung vielseitiger Zauberkünste, übt es sich in elementaren Methoden des Verstehens, lernt es die Unterschei-

dung von Wichtigem und Unwichtigem, die Bemühung um Sinn, die Gestaltung von Eigenart, die Entmystifizierung von »Zeichen und Wundern«, ein Stück verläßlicher, nämlich gelingender Selbstdisziplin. Die sogenannten Kulturtechniken sind beschwerlich, wenn man sie schlecht beherrscht. Vermeiden die Erwachsenen das Rechnen, Schreiben und Lesen, weil sie sie nicht gründlich gelernt haben und sie ihnen darum lästig sind, werden diese Künste in der Tat aus dem Alltag verschwinden, wird es Schrift nur noch auf Reklameschildern und dem Bildschirm des Computers geben. Gedrucktes wird unökonomisch. Die Bibel, der Brockhaus, das Telefonbuch kommen jetzt schon auf Diskette oder als CD – als Bücher werden sie irgendwann einmal nicht mehr zu haben, weil nicht mehr zu bezahlen sein. Das heißt: Die Schule kann aufgrund der voreiligen Theorie, daß man die drei klassischen Kulturtechniken nicht beherrschen, sondern nur kennen müsse, würden sie doch wirksam durch die eine neue – die Arbeit am Computer – ersetzt, unsere Kultur sehr viel schneller und gründlicher ändern, als die neuen Medien das von sich aus besorgen.

Ein sogenanntes Modellprojekt der Katholischen Erwachsenenbildung im Lande Niedersachsen, »Computerisierung des Alltags – Wirkungen und Folgen für die Familie«*, geht von einer »Entfremdung innerhalb und zwischen den Generationen« aus, die durch die »Neuen Informationstechnologien« verursacht oder doch verstärkt werde. Man

---

* Der Bundesminister für Bildung und Wissenschaft (Hg.): Informationen 10/1992, S. 131.

wollte durch »Seminare«, in denen Jugendliche und Erwachsene zusammen an Computern spielen und über Computerspiele reden, erreichen, daß die Eltern ihre vom Computerbazillus infizierten Kinder besser verstehen und man in den Familien wenigstens das konfliktträchtige Thema nicht verbissen meidet. Das hat man offenbar erreicht. Nun spielen auch die Eltern und nehmen es gelassen hin, wenn ihr Kind vorübergehend ein Computerfreak wird. Wie sehr wünschte man sich freilich umgekehrt, daß Jugendliche die Tätigkeiten ihrer Eltern kennenlernten und daran Interesse fänden.

Die Verbindung von Datenverarbeitung mit Telekommunikation erlaubt, daß man das, was man mit Computern macht, von überall aus machen kann. Heute ist das Heim vieler Familien auch deren Arbeitsstätte – mit der Folge, daß die Erwachsenen immer da sind, wenn sie arbeiten, und nicht ansprechbar; daß sie dem Haus zu entrinnen suchen, wenn sie »frei« sind; und daß dies die Auffassung der Kinder von gesellschaftlicher Arbeit prägt: sie ist eine immer gleiche, seltsam unlebendige, dem Privatleben feindliche, die Freiheit einengende Angelegenheit. Der am Fließband stehende Vater, die im Krankenhaus arbeitende Mutter waren nicht besser dran, aber das Kind hat dies wenigstens nicht wahrgenommen und konnte sich einen Beruf als ernste Tätigkeit vorstellen, der Opfer zu bringen sich lohnt. »Zu Hause« aber hieß der Ort, an dem man gern und befreit zusammenkommt.

IV
Medienwerkstätten

Herbert Friedmann

Caspar H.

(Zur Entstehung eines Theaterstücks für Menschen ab 11 Jahren, dem Leben nacherzählt)

1. Szene

Abends im Wohnzimmer des Schriftstellers. Während er hektisch die Fernbedienung drückt, nähert sich auf leisen Sohlen das schlechte Gewissen.
»Schreibe«, raunt es ihm zu.
Der Schriftsteller schaltet den Fernseher ab, die Gehirnzellen an. Plötzlich taucht eine kleine, unscheinbare Idee auf. Sie hüstelt verlegen: »Fernsehen macht sprachlos. Darüber solltest du ein Theaterstück für Jugendliche schreiben.«
»Ich bin nicht dümmer als ein Pfund Salz«, entgegnet der Schriftsteller unwirsch.
»Schreib ein Stück über einen modernen Caspar Hauser«, drängt die Idee und bläst sich mächtig auf. »Ein Jugendlicher, der sprachlos durch unsere Medienlandschaft irrt.«

2. Szene

Tage später im Arbeitszimmer des Schriftstellers. Er füllt seit Stunden ein Formular für das Finanzamt aus. Das Telefon läutet. Der Schriftsteller ist dankbar für die Störung und nimmt erwartungsvoll den Hörer ab. Der Dramaturg eines Jugendtheaters meldet sich.
»Ich stelle gerade den neuen Spielplan zusammen«, sagt er. »Hast du zufällig eine Idee parat?«
»Vielleicht bin ich doch dümmer als ein Pfund Salz«, seufzt der Schriftsteller.
»Hier, hier!« kreischt die unscheinbare Idee und versucht auf den Schreibtisch zu klettern.
Der Schriftsteller grummelt etwas von einem modernen Caspar Hauser in die Sprechmuschel.

3. Szene

Drei Wochen später im Büro des Dramaturgen des Jugendtheaters. Der Dramaturg, der Regisseur und der Schriftsteller beratschlagen die Idee.
»Wir sind alle Caspar Hauser, irgendwie«, behauptet der Regisseur.
»Mich hat an der Geschichte schon immer das Schaukelpferd fasziniert«, wirft der Dramaturg ein.
Der Schriftsteller schreibt in sein Notizbuch *Schaukelpferd.*
»Theater im Theater!« ruft der Regisseur.

»Vielleicht Caspar Hauser als nigerianischer Asylbewerber?« schlägt der Schriftsteller vor.
»Kennen die Nigerianer das Schaukelpferd?« fragt der Dramaturg stirnrunzelnd in die Runde. »Wenn ja, lieben sie es auch?«
»Wie wäre es mit Caspar Hauser als Computerfreak ...?«
Der Vorschlag des Schriftstellers wird mit eisigem Schweigen quittiert.
»Das Schaukeln als Caspars erste eigenständige Widerstandshandlung gegen seinen Erzieher«, sinniert der Dramaturg.

Der Schriftsteller erhält den Auftrag, ein Stück zu schreiben für Menschen ab 11 Jahren. Sieben Schauspieler – vier männlich, drei weiblich – müssen mit Text versorgt werden. Das Stück soll nicht länger als eine Stunde und dreißig Minuten dauern.
Der Schriftsteller begibt sich in seine Lieblingsbuchhandlung und läßt sich von seiner Lieblingsbuchhändlerin mit Caspar-Hauser-Literatur versorgen. Außerdem kauft er mehrere Computerbücher, Tatsachenberichte über Asylbewerber und ein kleines, hölzernes Schaukelpferd, das den Einsturz des Bücherstapels unbeschadet übersteht. Nur die kleine Idee wird bei dem Zwischenfall erschlagen. Der Schriftsteller meldet dem Dramaturgen den Tod der Idee. Der Dramaturg hat ebenfalls eine Neuigkeit zu vermelden: Der Regisseur ist ausgestiegen. Nach einer Schweigeminute einigen sich Schriftsteller und Dramaturg darauf, Caspar Hauser aus dem Speicher des Computers zu befreien und in einen historischen Kerker zu zwängen. Um ihm die Haft etwas zu erleichtern, darf er mit einem Schaukelpferd spielen.
Der Schriftsteller reist lesend in die Vergangenheit und landet

im Jahre 1828. Pfingstmontag. Caspar Hauser taucht um 16 Uhr nachmittags in Nürnberg auf und wird gegen 22 Uhr ins Stadtgefängnis gebracht . . .
Der Schriftsteller schreibt bald eine Rohfassung, die nicht den Vorgaben entspricht: zwei Stunden und zwanzig Minuten, dreizehn Rollen.

4. Szene

Wochen später im Büro des Dramaturgen. Ein neuer Regisseur ist gefunden worden.
»Ich bin Profi!« sagt er mit Leichenbittermiene.
»Und ich bin nicht dümmer als ein Pfund Salz«, sagt der Schriftsteller.
»Caspars erste Berührung mit Schnee, rührend«, sagt der Regisseur.
Der Schriftsteller notiert *Schnee.*
»Nimmt Caspar die Unterschiede der Schaukelpferde seiner Erzieher wahr?« fragt der Dramaturg. »Und kann er es riskieren, eine gefühlsmäßige Bindung zu einem der Schaukelpferde einzugehen?«
»Ich bin Profi«, wiederholt der Regisseur.
Der Schriftsteller notiert *Profi.*

Der Schriftsteller zieht sich in sein Arbeitszimmer zurück, verflucht die unscheinbare Idee, den Schnee, sämtliche Schaukelpferde und erwägt, beim Arbeitsamt einen Antrag auf Umschulung zum Pizzabäcker oder Parkhauswächter zu stellen.

»Gedanken sind nicht stets parat, man schreibt, auch wenn man keine hat«, weiß der Schriftsteller von Wilhelm Busch. Er stutzt sein Stück auf die gewünschten sieben Rollen. Caspars Erzieher werden zu einer Figur zusammengefaßt. Und seine fünfeinhalb Jahre unter Menschen werden auf ein Jahr gekürzt. Drei Wochen nach Pfingsten fegt ein Schneesturm über Nürnberg.

5. Szene

Im Arbeitszimmer des Schriftstellers. Er tippt gerade die fünfte Fassung. Auf einmal schaut ihm Caspar Hauser über die Schultern. Ein mildes Lächeln.
»Heimbringen . . .« stammelt Caspar.
»Bald«, beruhigt ihn der Schriftsteller. »Die Bühne wird dein Daheim. Ein paar hundert Menschen ab 11 Jahren werden mit dir leiden. Kritiker werden dich kritisieren.«
»Aber die Leute kennen mich längst auswendig«, meint Caspar. »Jeder wird ein anderes Bild von mir haben. Jeder wird nach seinem Caspar suchen. Niemand wird mich finden.«
»Du bist mein Caspar!« brüllt der Schriftsteller entnervt.
»Du hättest aus dem Stoff einen spannenden Krimi machen können«, nölt Caspar.
»Halte die Klappe!«
»Ich . . .«
»Das meine ich, Caspar, genau das.«
Der Schriftsteller überläßt Caspar dem Regisseur, der ein Profi ist und das Stück in drei Monaten zur Premiere bringt.

Der Schriftsteller sitzt in der ersten Reihe, die Freunde und Freundinnen der Schauspieler, des Dramaturgen, des Regisseurs, Kritiker. Und Menschen ab 11 Jahren.
Zweifeln ist der Weisheit Anfang, denkt der Schriftsteller, als der Vorhang fällt.

JÜRGEN BANSCHERUS

Kein Waterloo

Wütend war ich auf mich, Himmel, ich mußte verrückt gewesen sein, mich auf dieses Abenteuer einzulassen. Ein schlechtes Gewissen hatte ich, es konnte alles nur schiefgehen. Ich würde mein Waterloo erleben, und wie stand ich dann da. Auf dem Gleis gegenüber wartete der Zug zurück an meinen Schreibtisch. Er fuhr in zehn Minuten, Zeit genug, das Wochenende abzusagen. Bronchitis, Grippe, die Kinder krank – mir würde schon etwas einfallen. Außerdem fühlte ich mich wirklich nicht besonders gut.

Einige Monate zuvor hatte mich die Fachleiterin Deutsch des Gymnasiums angerufen. Ob ich eine Theaterwerkstatt leiten könne an irgendeinem Wochenende, den Termin überlasse sie mir. Natürlich ginge es nicht in den Schulferien, haha. Es kämen 15 Schülerinnen und Schüler der Oberstufe, selbstverständlich seien das Freiwillige, am Wochenende sei ohnehin keine Verpflichtung eines Schülers

möglich, nicht wahr. Ich dürfe nicht nein sagen, nicht, nachdem meine Schreibwerkstatt vor zwei Jahren noch in so guter Erinnerung bei den Beteiligten sei.
Genau da lag das Problem. Unbedacht hatte ich während jener Schreibwerkstatt kundgetan, wie gern ich einmal eine Theaterwerkstatt veranstalten würde. Das war so dahergesagt, kein Gedanke, daß sich jemand an meine Bemerkung erinnern würde. Aber das war geschehen, und jetzt stand ich hier auf diesem zugigen Bahnsteig und fühlte mich wie ein Hochstapler.
Der Zug zurück fuhr ohne mich ab, ich machte mich auf den Weg zum Gymnasium, wo der Bus wartete. Er würde zwei Lehrer, 15 Schülerinnen und Schüler und mich in die Jugendherberge bringen, in der die Theaterwerkstatt stattfinden sollte. Ich hatte zwar bereits einige Schreibwerkstätten geleitet, Theaterarbeit dagegen kannte ich lediglich von wenigen Kabarettauftritten. Und die lagen bereits Jahre zurück. So hatte ich mich auf diese Tage vorbereitet, wie man sich für eine Reise in eine unbekannte Kultur präpariert: gründlich, doch ohne eine wirkliche Ahnung davon zu haben, was einem bevorsteht.
Es wurde abenteuerlich. Aber ganz anders, als ich mir vorgestellt hatte.

Der erste Tag

In dem kleinen Bus, der Ende der 50er Jahre gebaut worden sein muß, ist es sehr still. Zum Teil kennen sich die Mitfahrer, andere sitzen allein, schauen aus dem Fenster. Genau wie ich. Wenn alles gutgeht, werden wir uns in diesen Tagen sehr nahe kommen. Da brauche ich die letzte halbe Stunde für mich.

Die Jugendherberge. Doppelstockbetten, der Geruch, den zwischen Sizilien und Norwegen alle Jugendherbergen besitzen. Dazu ein Herbergsvater, der für Ruhe und Ordnung steht. Der wird sich wundern.

Theater hat für mich zentral mit Nähe und Distanz zu tun, mit Bewegung und Ruhe, mit Leben und Tod. Nirgendwo erfahre ich das dichter, nirgendwo erlebe ich das mit einer solch beständigen Gefahr des Scheiterns. Fangen wir also an. Mich langweilen jene Schultheateraufführungen, in denen die Schauspieler irgendwo und irgendwie auf der Bühne herumstehen und auswendiggelernte Sätze von sich geben. »Oh, Geliebter!« über eine Distanz von vier Metern geschmettert, ist allenfalls komisch. Ich weiß, ich weiß – es gibt unglaublich gute Schultheatergruppen. Aber die sind die Ausnahme.

Wir tun uns also zu Pärchen zusammen und fesseln unser linkes beziehungsweise rechtes Bein aneinander. Dann bringen wir gemeinsam eine ziemlich lange Strecke hinter uns, lernen den Rhythmus des anderen kennen, stellen uns immer mehr auf ihn ein. Schließlich legen sich fast alle die Arme um Hals und Hüfte, weil es sich so am bequemsten geht. Das irritiert, das ist für einige gleich zu Anfang zuviel Nähe, sie ziehen sich zurück, ein Mädchen wird sich bis zum Schluß verweigern, wird zynische Beobachterin sein. Aber das kenne ich bereits aus Schreibwerkstätten; in jeder gab es jemanden, der nicht mitmachen wollte oder konnte.

Neue Pärchen finden sich zusammen. Einer verbindet dem anderen die Augen, führt ihn behutsam durchs Haus, mißtrauisch beäugt vom besorgten Herbergsvater. Wieviel Vertrauen gehört dazu, sich einem Menschen so zu überlassen, Treppen hinauf und hinunter, um Flurecken und an Winkeln vorbei! Niemand fragt, was das denn mit Theater zu tun habe. Seltsam . . . Aber sie scheinen es zu genießen, auch die beiden Lehrer.

Später setzen wir uns zusammen, sprechen über unsere Erfahrungen als Dreibeinige und Blinde. Flüstern unsere Erfahrungen. Schreien sie heraus. Und lachen. Und freuen uns, daß die Angst weg ist, die Angst vor dem anderen Menschen, die Angst vor dem Unbekannten.

Schultheateraufführungen leiden häufig unter dem hölzernen Sprechen der Mitspieler. Genau hier liegt auch die größte Abwehr der Schülerinnen und Schüler in meiner Theaterwerkstatt. Nein, wir haben ja keine Sprechausbildung; nein, meine Stimme ist so piepsig; nein, wenn so viele Leute zuhören; nein, dann lieber eine stumme Statistenrolle.

Also reden wir zunächst einmal im Kreis über Gefühle, die zusammen mit der Angst am intensivsten sind. Rasch sind wir uns einig: Freude, Haß, Schmerz, Liebe. Und diese Gefühle setzen wir nun in kurze Pantomimen um. Es ist erstaunlich, wie einige aus sich herausgehen, wie sehr sich andere zurückhalten. Aber es gibt Früh- und Spätstarter, warten wir ab.

Die eigene Stimme frei im Raum, der wohlartikulierte Satz, das An- und Abschwellen des Sprechtons – es gibt nur wenige unter meinen Teilnehmern, die das zu genießen scheinen, die meisten scheuen davor zurück. Deshalb erfindet jeder für sich eine Kunstsprache, mit der wir unsere Gefühle in kurzen Szenen auszudrücken versuchen: unseren Haß, unsere Angst, unsere Freude. Und niemand lacht, als einer »magasoma tobiroli magasoma« über seiner toten Geliebten flüstert.

Der zweite Tag

Alle sind am Morgen müde. Die Teilnehmer haben wenig geschlafen, genau wie ich. Zuviel ist mir in der Nacht durch den Kopf gegangen, zu begeistert war ich von meinen »Schülern«.

Nun rücke ich mit dem Thema heraus, das ich mir für die Werkstatt überlegt habe: »Fremd sein«, ein Stoff, dem Theater weiß Gott nicht fremd. Schnell beginnen die Jugendlichen zu erzählen, Geschichten, gehört, selbst erlebt. Auch die Lehrer berichten, erfahren Dinge, die sie erschrecken. Niemand fällt dem anderen ins Wort, nirgends ein heißer Stuhl, auf dem jemand sitzen müßte.

Zwei Stunden dauert das. Dann bilden sich vier Gruppen. Jede will eine Szene zum Thema »Fremd sein« schreiben, sie einstudieren und sie den anderen am nächsten Tag vorspielen.

Nicht lange, und die Szenarios stehen: die autobiographische Geschichte einer Teilnehmerin, in der es um das Verhältnis zwischen ihr und ihrer Pflegemutter geht; eine hetero-, homosexuelle Dreiecksgeschichte; die Entdeckung

einer HIV-Infektion; eine dadaistische Revue, die sich vor allem die männlichen Teilnehmer vorgenommen haben. Bloß nicht zuviel Gefühl, Madame . . .
Bis in die Nacht arbeiten die Jugendlichen an ihrer Szene. Ich pendle von Gruppe zu Gruppe, helfe bei den Dialogen, bei der Regie, bei der Arbeit auf der Bühne. Dabei lernen wir, von Stunde zu Stunde mehr: Theater ist Bewegung im Raum, Begegnung der Körper, Text. Alle drei Elemente gehören zusammen, müssen in ein Zusammenspiel gebracht werden, wenn so etwas wie eine »Bühnenwahrheit« entstehen soll. Ein großes Wort, stimmt, aber Zipfel davon haben wir einige Male greifen können.
Jetzt beginnt die Zeit der Spätstarter. Vor allem ein Mädchen, still, in sich gekehrt, entpuppt sich als wunderbare Schauspielerin. Wie sie eine aidsinfizierte Frau spielt, verschlägt uns allen die Sprache. Und wie ein Junge auf der Bühne zum Schwulen wird, das hätte ich ihm ein paar Stunden zuvor nicht zugetraut. Ach was, was sich da entwickelt, hätte ich uns allen nicht zugetraut.

Der dritte Tag

Heute werden wir uns die ausgearbeiteten Szenen vorspielen. In unserem Proberaum ist eine provisorische Bühne vorbereitet, die Jugendlichen sind nervös. Natürlich wird heute alles, was gestern noch so gut geklappt hat, schiefgehen, keine Frage. Zu groß wird die Umstellung von der intimen Probe auf das Publikum sein, zu groß wird die

Angst sein vor dem Lachen der anderen, wenn auf der Bühne gelacht wird, geweint und geliebt.
Meine Arbeit ist getan. Selbst wenn keine der Vorführungen auch nur annähernd das Niveau des Vortags erreicht – ich bin rundherum zufrieden, was sage ich, ich bin glücklich. Ich habe das Gefühl, lange nicht mehr so viel gelernt zu haben, vor allem über mich. Und den Teilnehmern geht es ähnlich. Wir haben Erfahrungen gemacht, die uns erschreckt und erfreut haben, wir haben Momente an uns entdeckt, die wir bisher nicht kannten.
Aber zu meiner Überraschung läuft alles wunderbar. Die Videokamera, die Zuschauer – niemand läßt sich davon beeindrucken. Vier Szenen zum Thema »Fremd sein« entstehen auf der Bühne, und eine ist großartiger als die andere.
Dann ist alles vorbei. Wir verzichten auf ein Schlußgespräch, wir sind einfach zu erschöpft. Busfahrt, ein kurzer Abschied, schade, daß es schon vorbei ist. Wieder stehe ich auf dem Bahnhof, es ist noch kälter geworden. Gut, daß ich hiergeblieben bin. Gut, daß ich nicht gekniffen habe.
Meine erste Theaterwerkstatt. Ich hoffe, es war nicht meine letzte. Vier Tage brauche ich, um von der Bühne ins Leben zurückzufinden.

Dagmar Scherf

Der Sternnasenmaulwurfs-Blues

Ein Hörspiel

Personen: Daniel und Tobias, zwei Studenten Anfang Zwanzig
Nina und Franzi, zwei etwa 16jährige Schülerinnen
Stimme 1 (weiblich, alt)
Stimme 2 (weiblich, jung)

1. Szene

Nächtliche Straßengeräusche in einer Stadt mittlerer Größe. Autos, Mopeds, Schritte von Daniel und Tobias auf dem Pflaster.

Tobias: (gähnt) Bin ich müde! Wie spät ist es?

Daniel: Kurz vor Mitternacht. – Schau mal, das alte Fachwerkhaus da drüben! So hell erleuchtet sieht es wie eine verzauberte Märcheninsel inmitten dieser öden Hochhaussilos aus.

Tobias: Stimmt. Als ich vor fünf Tagen in den Betonklotz da eingezogen bin, war das der einzige Lichtblick aus meinem Fenster im siebten Stock oben. Aber wer drin wohnt, hab ich noch nicht rausgefunden.

Tobias pfeift ein Blues-Thema, das der Beschreibung entsprechen müßte . . .

Daniel: He, das ist ja ein irres Blues-Thema! Eigenkomposition?

Tobias: Klar.

Daniel: Klingt hinreißend melancholisch. Wie ein Höhlenbewohner, der nach den Sternen schnuppert.

Tobias: (lacht) Daniel, der Dichter, spricht. Übrigens klingt das auf dem Saxophon noch viel irrer. Kannst ja über meinen nächsten Auftritt mal was für die Zeitung schreiben.

Daniel: Gerne. Wann und wo geruht der große Tobias Mira zu gastieren?

Tobias: (lacht) Morgen mittag in der Fußgängerzone. Das heißt, vielleicht versuche ich's auch noch mal vor dem Gymnasium.

Daniel: Warum das denn?

Tobias: (seufzt) Ach, weißt du, vor einer Woche hat mir in der Fußgängerzone ein Mädchen zugehört – verdammt noch mal! Und genau während ich diesen Blues gespielt habe, hat's zwischen uns gefunkt. Kurz und gut, seitdem suche ich nach ihr. Wenn ich nur wüßte, wo sie wohnt! Jedenfalls klappere ich jetzt jeden Mittag die Schulen ab, spiele vor den Toren immer wieder diese eine Melodie. – (lacht) Eine Art akustische Suchanzeige.

Daniel: Etwas altmodisch, würde ich sagen. Methode Buschtrommel. Wie wär's denn statt dessen mit einer Zeitungsannonce?

Tobias: In Notenschrift oder wie?

Daniel: Du könntest ja auch das Mädchen beschreiben. Hab dich in der Fußgängerzone gesehen, als ich –

Tobias: (unterbrechend) Nein, laß mal. Ich versuch's weiter mit der Methode Buschtrommel. – Also dann: Tschau, Daniel. (gähnt) Jetzt verkrieche ich mich erst mal in meinen Betonbau.

Daniel: Gute Nacht, Tobias. Und viel Erfolg bei der Mädchensuche.

Man hört Tobias' Schritte. Er pfeift die Melodie noch einmal vor sich hin.

Tobias: (nachdenklich) Wie ein Höhlenbewohner, der nach den Sternen schnuppert. Wie ein (bleibt plötzlich stehen) – Sternnasenmaulwurf! Genau, das ist der Titel. Der Sternnasenmaulwurfs-Blues!

Er schließt die Haustür auf, sie fällt hinter ihm ins Schloß. – Eine Turmuhr schlägt zwölfmal. Straßengeräusche bleiben unter folgendem Dialog leise zu hören.

2. Szene

Stimme 1: (murmelnd, wie im Traum) Sternnasenmaulwurf! Wo kam das Wort eben her?

Stimme 2: Hallo, altes Haus? Schläfst du schon?

Stimme 1: Aber nein, dafür bin ich innerlich noch viel zu bewegt.

Stimme 2: (spöttisch) Innerlich bewegt! Na ja, du mit deinen dreieinhalb Bewohnern kannst dir das leisten.

Stimme 1: Wen meinst du mit dem halben Bewohner?

Stimme 2: Na, diesen Köter, der mir immer an die Ecken pinkelt.

Stimme 1: Aber mein Leo ist kein Köter, und überhaupt –

Stimme 2: Von mir aus kann er sein, was er will, solange mir so was nicht ins Haus kommt. Die acht Katzen, dreizehn Kanarienvögel und zwei Papageien, die ich derzeit zu beherbergen habe, reichen mir voll und ganz. Von den zirka hundert Menschen ganz zu schweigen. Wenn mich das alles innerlich bewegen würde, wäre ich längst eingestürzt. – Sag mal, hörst du wirklich jeden Laut, den deine Bewohner von sich geben?

Stimme 1: Natürlich. Und du solltest das auch mal versuchen!

Stimme 2: Bloß nicht! Das wäre die totale Kakophonie! Ich würde verrückt werden. Wir Hochhäuser sind doch sowieso schon im Verruf, Irrenhäuser zu sein.

Stimme 1: Trotzdem möchte ich dich bitten, jetzt zumindest mal kurz in dich hineinzuhorchen. Wir suchen nämlich händeringend nach einem jungen Mann –

Stimme 2: Wer ist »wir«?

Stimme 1: Na ja, du weißt doch, daß ich mich mit meinen Bewohnern identifiziere. – Also, um es kurz zu machen: Nina hat sich verliebt. In einen jungen Mann, genauer gesagt, in einen Musiker –

Stimme 2: Aha. Und was hat mein Innenleben damit zu tun?

Stimme 1: Es könnte sein, daß er da zu Hause ist.

Stimme 2: Aha. Name, Vorname, Stockwerk?

Stimme 1: Wissen wir leider alles nicht. – Aber wir haben eine Melodie im Kopf oder, genauer gesagt, im Bauch. Die hat er kürzlich in der Fußgängerzone auf dem Saxophon gespielt. Ich versuche sie dir mal vorzusingen.

Stimme 1 singt das Blues-Thema.

Stimme 2: Aha. Nicht schlecht. Klingt irgendwie – hm – aufregend traurig. Sing's noch mal.

Stimme 1 singt das Thema erneut. Stimme 2 summt mit.

Stimme 2: Und jetzt soll ich also in mich gehen und meine zehn Stockwerke kreuz und quer nach einer Melodie absuchen? Oder wie stellst du dir das vor?

Stimme 1: Zumindest könntest du mal nachsehen –

Stimme 2: Seit wann hat unsereins Augen?

Stimme 1: Entschuldige, ich meinte nachhören, ob irgendwo ein Saxophonist wohnt.

Stimme 2: Und wie komme ich in mein Inneres, bitte schön?

Stimme 1: Na, mit einem Schlüssel.

Stimme 2: Jetzt nimmst du mich auf den Arm, altes Haus!

Stimme 1: Das dürfte mir schwerfallen. Ich meine ein Schlüsselwort. Ihr Heutigen habt einen anderen, neumodischen Ausdruck dafür –

Stimme 2: Ach, ein Codewort! Hm. Klingt interessant. Wir könnten's ja mal versuchen. Weißt du denn eins?

Stimme 1: Ja. Versuch's mal mit **Sternnasenmaulwurf.**

Stimme 2: Meinst du? Das klingt aber sehr obskur.

Stimme 1: Vertraue meiner zweihundertjährigen Lebenserfahrung. Außerdem paßt das Wort zu der aufregenden Traurigkeit der Melodie.

Stimme 2: O. K. Ich sage: **Sternnasenmaulwurf.** Und: **Enter!**

Straßen-Hintergrund-Geräusche enden. Statt dessen folgt nun eine Innenraum-Geräusch-Collage aus Schnarchen, Liebesstöhnen, Fetzen aus nachmitternächtlichen Fernseh- und Radiosendungen, lautem Gähnen, Geschirrklappern, Stimmen: »Also, wenn der Chef mir noch mal so kommt, dann kann der was erleben!« – »Ich bin schwanger!« – »Schon wieder!« – »Einen Kranz kriegt der von mir im Leben nicht. Also auch nicht jetzt, wo er tot ist. Eine Kondolenzkarte reicht!« – »Na, Alter, trinken wir noch eins, oder gehen wir ins Bett?« – »Du bist der größte Idiot, den ich kenne!« – »Der Unterschied zwischen multikulturell und ethnopluralistisch ist folgender . . .« – »Ich hab dich so lieb, ich könnte dir glatt eine Kachel aus meinem Ofen schenken« . . .

Stimme 1: Na, was hörst du?

Stimme 2: Die totale Kakophonie, wie befürchtet. (gähnt laut) Unmöglich, da eine Melodie rauszuhören. Oder einen Saxophonisten zu finden. Außerdem darf der um die Zeit sowieso nicht mehr spielen!

Geräusche bestehen zunehmend aus Gähnen und Schnarchen.

(gähnt) Diese Schlafgeräusche sind ansteckend. – Ich beende den Versuch. – Sternnasenmaulwurf – Ende. – Gute Nacht.

3. Szene

Innenraum des alten Hauses. Ein Radio wird eingeschaltet. Zeitzeichen für 15 Uhr. Nachrichtensprecher:

Sprecher: Es ist 15 Uhr. Hier ist der Hessische Rundfunk mit Nachrichten. Bonn. Die Bundesregierung hat –

Radio wird ausgeschaltet. Schritte im Raum. Das Blues-Thema wird auf dem Klavier angeschlagen. Zunächst langsam, Ton für Ton suchend. Dann sicherer. Hundejaulen.

Nina: Ja, Leo, hast ja recht – es ist alles total zum Heulen. Die Melodie und überhaupt alles. Sag mal, weißt du, was ein Sternnasenmaulwurf ist?

Es klopft an der Tür. Leo bellt.

Nina: Herein! – Ach Franzi, du bist's! Hallo. Ist ja gut, Leo. Die Franzi kennst du doch.

Franzi: Hallo, Nina, die Haustür war offen. Na, Leo?

Nina: Sag mal, weißt du, was ein Sternnasenmaulwurf ist?

Franzi: Ein Sternnasenmaulwurf? Wie kommst du denn darauf?

Nina: (gefühlvoll) Ich hab letzte Nacht von ihm geträumt. Das heißt, eigentlich nur von dem Wort. Aber irgendwann war ich ganz sicher, daß ich genau den suche. Daß ich ihn unbedingt finden muß. Das heißt: Eigentlich hatte ich ihn schon mal, aber dann ging er verloren.

Franzi: (cool) Dann ruf doch im Fundbüro an. (zunehmend belustigt) »Entschuldigen Sie, ich hab meinen Sternnasenmaulwurf verloren. Ist der zufällig bei Ihnen abgegeben worden?« – Die Antwort möchte ich hören! Oder wie wär's mit 'ner Zoohandlung: »Ich suche einen Sternnasenmaulwurf. Haben Sie so was vorrätig?« – Oder du gibst 'ne Anzeige in der Zeitung auf – (stockt) Was ist los, Nina? Warum schüttelst du den Kopf?

Nina spielt die Blues-Melodie auf dem Klavier. Leo heult wieder leise auf.

Nina: Wie findest du die Melodie?

Franzi: Hm. Ich weiß nicht. Ziemlich traurig. Aber auch – Also ich möchte wetten, du bist mal wieder total verliebt!

Nina: Wie kommst du denn darauf?

Franzi: Beim letzten Mal, als du dich in den Arno verknallt hattest, hast du ähnlich gesponnen. –

Mann, jetzt sei doch nicht gleich eingeschnappt. Du weißt doch, daß ich dich mag, gerade weil du manchmal ein bißchen spinnst. Also, was ist?

Nina: Na gut. Ich hab vor einer Woche auf dem Heimweg von der Schule in der Fußgängerzone einen Saxophonisten spielen hören – und spielen sehen. Einfach umwerfend, die Musik und der Typ!

Sie spielt die Melodie noch einmal.

Franzi: Und was hat das alles mit diesem Sternnasenmaulwurf zu tun?

Nina: (abwesend) Wenn ich nur wüßte, wo der wohnt –

Franzi: Wer? Der Sternnasenmaulwurf oder der Typ?

Nina: (weiter abwesend) – oder wie er heißt.

Franzi: Warum hast du ihn nicht angequatscht?

Nina: Beim ersten Mal hab ich mich nicht gleich getraut. Und seitdem ist er nicht mehr aufgetaucht. Das heißt: Vorgestern in der Schule, ausgerechnet während der Mathearbeit, da hab ich gemeint, daß ich ihn draußen irgendwo wieder spielen höre. Ich bin ans Fenster gestürzt, auch wenn die Klasse blöd geguckt hat, und –

Franzi: Und?

Nina: Nichts. Aber –

Franzi: Hör mal, wenn dir der wirklich so wichtig ist, da gibt's doch so 'ne Sendung im Radio, weiß nicht genau, welcher Sender das ist, aber das krieg ich raus. Jedenfalls kann man da Suchanzeigen aufgeben: Du hast vor einer Woche in der Fußgängerzone Saxophon gespielt, das war super, aber ich hab mich nicht getraut – bla, bla, bla, melde dich!

Nina: Aber gestern abend, als ich den Leo Gassi geführt hab –

Leo bellt einmal kurz auf.

Nina: – da hab ich ihn gesehen.

Franzi: Na also!

Nina: Ich glaub jedenfalls, daß er's war. Er ist in dem Hochhaus drüben verschwunden. Eine irre Vorstellung, wenn der da tatsächlich schon die ganze Zeit wohnen würde!

Franzi: Mann!! Und du hockst jetzt hier noch seelenruhig vor dich hin träumend rum? Nichts wie hin, Nina! Das wäre doch gelacht, wenn wir den nicht finden würden!

Nina: Und wie? Das sind mindestens dreißig Klingelknöpfe an der Tür.

Franzi: Na und? Mensch, du hast doch eine Erkennungsmelodie! Und eine Sprechanlage gibt's garantiert –

Das Blues-Thema ist von ferne zu hören.

Nina: (springt auf) Da, hörst du's!

Sie reißt ein Fenster auf. Die Musik ist, mit Straßenlärm vermischt, lauter zu hören.

Da oben am Fenster steht er!!

Franzi: Nichts wie hin! – Eins, zwei, drei, vier – im siebten Stockwerk ist das.

4. Szene

Vor der Haustür des Hochhauses: Musik ist immer noch zu hören, Straßenlärm im Hintergrund.

Nina: (liest atemlos die Namen auf den Klingelschildern) Müller – Renneisen – Pfau –

Franzi: Und da ist noch ein handschriftliches Schild: Tobias Mira. Bei dem würde ich's als erstes probieren.

Nina: Meinst du? Na gut. Die anderen Namen gefallen mir jedenfalls alle nicht. Und Tobias Mira würde zu ihm passen. – Mensch, mir zittern die Finger!

Sie drückt den Klingelknopf. Kurz darauf rauscht und knackt es in der Sprechanlage.

Tobias' Stimme: Ja, bitte?

Nina: (stotternd) Hier ist – Nina. Ich – ich hab –

Franzi: (redet forsch dazwischen) Haben Sie vielleicht einen Sternnasenmaulwurf verloren – oder gefunden?

Nina: (flüstert) Du spinnst doch!

Tobias' Stimme: (erstaunt) Einen Sternnasenmaulwurf?

Franzi: (flüstert) Und jetzt sing!

Nina summt mit ziemlich zittriger Stimme den Anfang der Melodie.

Tobias: Das kannst nur du sein!! Du! Ich hab dich überall gesucht – Nina.

Nina: Ich dich auch – Tobias.

Tobias: Ich bin in einer Minute unten bei dir!

Manfred Bofinger

Was macht der Struwwelpeter im Schnee?

Bericht über eine Comicwerkstatt

Im November '94 hatte ich eine Einladung von der »Neuen Gesellschaft für Literatur«, eine Comicwerkstatt für Kinder und Jugendliche zu leiten. Es sollte in einem mir vertrauten wunderschönen Kunstatelier für Kinder stattfinden, das wiederum zu einem der größten und vielseitigsten Freizeitzentren gehört, dem FEZ in Berlin. Es hatten sich zwölf Kinder gemeldet, aber nur sechs kamen dann tatsächlich am geplanten Wochenende, denn über Berlin lag eine dicke weiße Schneedecke über höllischem Glatteis, die Autos hatten keine Chance, der Nahverkehr auf den Straßen ruhte beinahe, und die Züge fuhren unregelmäßig. Einige kamen von weit her, manche vom Stadtrand. Dennoch, so fanden wir später, waren es für alle, die an den zwei Tagen den Werkstattort erreichten, erstaunlich erfolgreiche Zusammenkünfte. Als hätte das wilde Wetter draußen uns in den

Räumen eine erstaunliche Konzentrationsfähigkeit verliehen. Ich denke aber, daß es dafür auch noch andere Gründe gab. Die wenigen Kinder waren alle von hoher Begabung und wunderbarem Ehrgeiz, trotz des widrigen Wetters Großes zu vollbringen. Sie besaßen alle die besondere Phantasie, die man für Comics braucht, sie hatten die besondere Sicht auf die Dinge. Alle stürzten sich geradezu in die Arbeit, und mir blieb nichts anderes übrig, als ihnen in diesem Fleiß zu folgen, nachdem wir uns zu Beginn sehr schnell auf einen Vorschlag einigten, den ich allen gemacht hatte. Ich arbeitete gerade in diesen Wochen an einer »Struwwelpeter«-Parodie, die zum 150. Geburtstag dieses wohl berühmtesten deutschen Bilderbuchs herauskommen sollte. Meine Idee war, zu den alten Texten von Dr. Heinrich Hoffmann neue aktuelle Bilder zu zeichnen, ganz im Stil des Originals. Mein Vorschlag für unsere Werkstatt bestand darin, daß sich jeder kleine Comiczeichner eine Geschichte aus dem »Struwwelpeter«-Original auswählt, die er neu erzählen möchte, in Bild, in Text oder in beidem, daß die Bilder, die möglichen Verse oder auch die gesamte Form der Geschichte auf völlig neue und andere Art von jedem Kind frei verändert werden sollen. Wichtig sei nur, das Grundthema der alten Story aufzugreifen, und der Trick, daß sie heute spielen könnte.
Dann ging's los!
Ohne Fragen und Nöte wurde am Freitag vormittag skizziert und notiert und am Nachmittag bereits vieles fertig aufs Papier gebracht.
Ich war, wie man in Berlin zu sagen pflegt, von den Socken.
Zu sagen wäre noch, daß wir an beiden Tagen nicht länger als jeweils sechs Stunden zusammen waren und daß den-

noch an diesem kurzen Winterwochenende trotz zusätzlichem Spaß und guter Unterhaltung jeder sein geplantes Werk vollendete.
Alle waren verblüfft und stolz.
Auch ich hatte »so nebenher« zwei meiner Parodien konzipiert und gezeichnet.
Für die FEZ-Besucher präsentierte das Kunstatelier später die Ergebnisse aller Comiczeichner und meine fertigen »Struwwelpeter«-Parodien nebeneinander in einer Ausstellung.
Eine schönere Gratulation an den Autor Dr. Heinrich Hoffmann, 150 Jahre nach seinem genialen Wurf, hätte ich mir nicht wünschen können. Und er vielleicht auch nicht, so hoffe ich wenigstens.
Hier sind zwei Beispiele der Comiczeichner ausgewählt, die damals zwischen 15 und 18 Jahren alt waren, zu eurer Betrachtung und eurem Urteil.

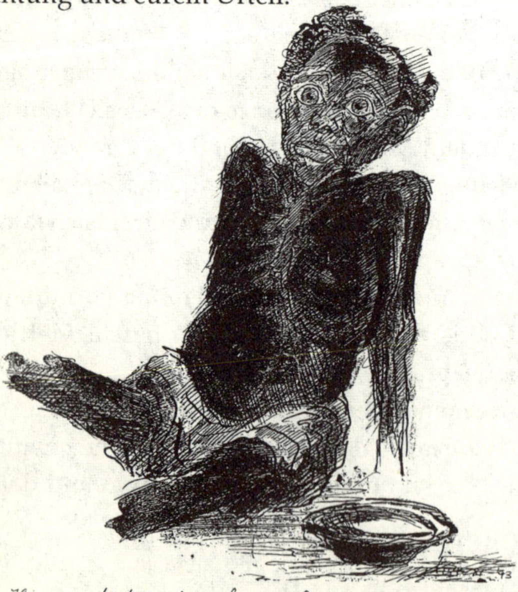

Hier sitzt ein Suppenkaspar - stumm und /.
nur daß hier niemals Suppe war.

Die Geschichte vom wilden Jäger

Happy End

Renate Welsh

Schreibwerkstatt

Ich mag das Wort »Werkstatt«. Ich denke dabei an Tische, wo du und ich die Ellbogen aufstützen können, auf die wir hauen können, wenn es nötig ist, an die wir alle einladen können, die wir mögen. Werkstatt klingt für mich nach Handwerk, nach achtsamem Umgang mit Werkzeug und Werkstoff, und riecht nach Holz, obwohl ich natürlich weiß, daß es Werkstätten gibt, die scharf oder ätzend oder sauer oder verbrannt oder sonstwie stinken, in denen geschuftet wird und Arbeit das Gegenteil von Freude bedeutet. Dennoch: Ich mag das Wort, und deshalb leite ich Schreibwerkstätten und nicht Workshops. Wenn ich gerade meinen unfreundlichen Tag habe, erkläre ich, daß ich schließlich Englisch so gut kann wie Deutsch und daher nicht mit Fremdwörtern auf Weltläufigkeit hinweisen muß. Aber ich soll von Schreibwerkstätten erzählen. Inzwischen sind es schon viele, mit Kindern, mit Jugendlichen,

mit alten und jungen Erwachsenen, mit Menschen deutscher Muttersprache und solchen, die gerade dabei sind, diese Sprache zu erlernen. Jede und jeder bringt etwas mit, das nur ihr oder ihm gehört, die eigenen Erfahrungen, Erlebnisse, Wünsche, Träume, Ängste. Geläufigkeit im Umgang mit Schreiben ist nicht nötig, und ich bitte die Teilnehmerinnen und Teilnehmer immer, alles zu vergessen, was sie je über Aufsatzschreiben gelernt haben. Den meisten fällt das nicht besonders schwer.
Wir beginnen immer mit dem eigenen Namen, schließlich ist der eigene Name für uns alle wichtig, auch wenn wir uns vielleicht einen anderen gewünscht hätten. Die erste Aufgabe ist es, den eigenen Namen zu buchstabieren, dabei sind Wörter aller Arten erlaubt, Eigenschaften, die eine, einer hat oder gern hätte. Tätigkeiten, Farben, Gegenstände, Begriffe . . . Günther zum Beispiel buchstabiert sich

Gelb
Übung
Nein
Tanzen
Heute
Erde
Ruhe

oder Andrea:

Anfang
Nachsicht
Daumen
Reisen

Ewigkeit
Ausdauer
Bei diesem Vorstellungsspiel wird meist ziemlich viel gelacht, aber es ist nie ein bösartiges Lachen, eher ein erkennendes oder überraschtes. Übrigens ist ein **x** oder ein **y** ein Joker und kann für alles stehen, da ja nicht anzunehmen ist, daß jede Alexandra begeisterte Xylophonspielerin ist und jede Sylvia Yorkshire-Terrier züchtet.
Nach verschiedenen anderen Übungen mit der Gesamtgruppe, bei denen ein Wort ein vollgültiger Beitrag ist, wie z. B. einem Was-ich-nicht-mag-ABC, einer Assoziationsspirale oder einem Menschenbild aus Wörtern, verteile ich Kärtchen von der Größe eines Lesezeichens und bitte alle, einen Satz aufzuschreiben, der einmal oder öfter zu ihnen gesagt wurde und immer noch weh tut oder immer noch hilfreich ist oder gegen den sie mit der Zeit allergisch wurden. Diese Sätze müssen anonym bleiben. Ich mische die Karten gründlich und lese sie in einer Zufallsreihung vor. Fast jeder Satz eines oder einer anderen löst eigene Erinnerungen aus. Besonders häufig kamen bisher z. B.

Räum dein Zimmer auf.
Wann kommst du nach Hause?
Wo warst du?
Du wirst schon sehen, wohin das noch führt!
Dreh das Radio leiser!
Du hast uns gerade noch gefehlt!

Und so weiter und so weiter, wobei die bösen Sätze immer weit überwiegen. Ich tippe die Sätze dann ab, kopiere sie und verteile die Blätter an Kleingruppen mit der Aufgabe,

aus diesem Material etwas zu gestalten. Dabei dürfen ca. fünf Sätze weggelassen werden, die nicht ins Konzept passen. Wiederholungen sind *ad libidum* gestattet. Die einfachste Gestaltungsmöglichkeit ist es, einen Satz zum Refrain zu erklären und nach z. B. fünf Sätzen zu wiederholen. Jugendliche rappen die Sätze oft mit verblüffender Wirkung, ich habe auch herrlich absurde Sketches erlebt, die aus solchen »Fundstücken« entstanden waren.
Wichtig ist, daß jede Kleingruppe zeigen kann, was ihr eingefallen ist, und daß alle zuhören. Immer wieder überrascht und freut es mich, wie viel Phantasie die einzelnen Gruppen entwickeln. Meist haben die ersten Hemmungen, ihr Ergebnis vorzustellen, aber dann hat es noch immer großen Spaß gemacht.
Nach einer Pause folgt der Quantensprung zum eigenen Text. Ich liebe Geschenke, und die nächste Aufgabe ist es daher, die Blätter mit dem buchstabierten Namen zu tauschen und dem Partner oder der Partnerin einen Text zu schenken, in dem alle Wörter vorkommen, mit denen er oder sie sich buchstabiert hat. Die Reihenfolge der Wörter muß dabei nicht eingehalten werden, und die Textform ist völlig offen. Es kann ein Brief werden, ein Gedicht, Teil einer Erzählung, ein Dialog, und ich weise immer ausdrücklich darauf hin, daß Nonsens durchaus Sinn ergibt. Wichtig ist mir auch, daß im Rahmen einer Schreibwerkstatt eine kreative Rechtschreibung erlaubt ist. Warum soll Kreativität erwünscht, kreative Rechtschreibung aber verboten sein? Für die Namenstexte lasse ich nicht mehr als fünfzehn Minuten Zeit, sonst wird es zu schwierig – auch wenn das wie ein Widerspruch in sich klingt. Als willkür-

lich ausgewählte Beispiele möchte ich die Texte zitieren, die Andrea und Günther einander geschenkt haben:

> Der Anfang fällt mir heute besonders schwer. Ich vertraue aber auf deine Nachsicht. Daumendrehend denke ich an die Reise in die Ewigkeit, doch zählt Ausdauer nicht gerade zu meinen Stärken.

> Heute beim Tanzen
> – ich bin ganz außer Übung –
> fand ich doch wieder zur Ruhe,
> obwohl das Nein noch da
> und die Erde gelb ist.

Diese Texte dürfen niemandem gezeigt werden, ich sammle sie ein und lese sie vor, wobei ich mich bemühe, jedem einzelnen gerecht zu werden, die Texte so zu lesen, wie sie gemeint sind. Dann frage ich, wer seine Wörter erkannt hat. Dadurch erreiche ich einen hohen Grad gespannter Aufmerksamkeit, jede und jeder steht zweimal im Mittelpunkt der allgemeinen Aufmerksamkeit, einmal, wenn der eigene, und einmal, wenn der geschenkte Text vorgelesen wird. Diese Arbeitseinheit liebe ich ganz besonders. Fast in jeder Werkstatt wundern sich die Teilnehmerinnen und Teilnehmer, was in ihrer Gruppe steckt. »Das hätte ich uns gar nicht zugetraut«, höre ich oft. Gerade die, die sonst gar nichts mit Schreiben im Sinne haben, liefern oft die schönsten Texte. Ich erinnere mich an eine Werkstatt, die mit heftigem Geschimpfe der Klasse begann. Einen ganzen Vormittag lang nur Deutsch, wer solle das denn aushalten.

Nach der sechsten Stunde schimpften sie, daß es schon aus war und daß sie nicht viel früher so etwas gemacht hatten. Viele Gruppen sammeln nach einer Werkstatt alles, was da entstanden ist, und machen so ihr eigenes Buch, von dem ich meist auch ein Exemplar bekomme. Ich blättere gern in diesen Texten, erinnere mich dabei wieder an die gemeinsame Zeit. Zwei Beispiele möchte ich noch zitieren, sie stammen von einem Zwölfjährigen und einer Vierzehnjährigen:

Das letzte Bild
das du gemalt hast
das war irgendwie seltsam:
ein offenes Herz,
das ahnungslos
in der Natur umherirrte.
Jeder kann in diesem Bild
etwas anderes entdecken.

Hatschi! (Emotional)
Xundheit. Wie kann
ein
religiöser Engel wie
Duu
nur »Buh« schreien? Denkst
Duu
nicht, ich könnttä erschrecken?
Du
gehst das Risiko ein,
ein Tabu zu brechän!

Bist du auf der Nudelsuppen Daherg'schwommen?

Ich hoffe, daß der Dialekt des letzten Beitrags niemanden überfordert. Die Buchstaben des Namens habe ich hervorgehoben, es kann nicht schwierig sein zu erraten, wem dieses Gedicht gewidmet war. Übrigens sind die so entstandenen Texte oft auch gut zum Rappen geeignet, lassen sich zu einem Mosaik zusammenfügen, weiterspinnen ...
An diesem Punkt ist das Selbstvertrauen aller ebenso gewachsen wie ihr Vertrauen in die Möglichkeiten der eigenen Sprache, von da an sind schwierige Aufgaben Herausforderungen, die oft sehr spielerisch bewältigt werden.
Ich selbst habe noch aus jeder Schreibwerkstatt etwas mit nach Hause genommen, das mir half, mit dem bedrohlichen Gefühl der Vergeblichkeit meiner eigenen Bemühungen fertig zu werden. Ich werde nie vergessen, wie ich mit einer Gruppe jugendlicher Strafgefangener arbeiten sollte und mich völlig hilflos fühlte, selbst sprachlos geworden, weil jedes Wort für sie eine andere und oft gefährliche Ladung hatte, und wie sie mir schließlich eine Brücke bauten:

In der zweiten Pause fragte einer, ob er mir etwas zeigen dürfe, zückte die Brieftasche, ich erwartete ein Foto seiner Freundin, was sonst? – und bekam ein Foto seines Motorrades mit einer ungeheuren Lichtorgel vorgelegt. Wo er die herhabe, erkundigte ich mich. Selbst gebaut, natürlich, so etwas baue man immer selbst! Er fing an, mir den Schaltplan zu erklären, andere mischten sich ein. Ich fürchte, ich habe inzwischen vergessen, was sie mir mit so viel Geduld beizubringen versuchten, es gab auch keine Gelegenheit, mein neues Wissen praktisch umzusetzen, aber von dem Augenblick an konnten wir miteinander arbeiten. Ich hatte etwas von ihnen angenommen, nun konnten sie auch etwas von mir annehmen. Es ist durchaus möglich, daß sie ihr neues Wissen ebensowenig praktisch umsetzen können wie ich meines, aber das ändert nichts daran, daß die Erfahrung an sich gut war. Außerdem wissen wir ja nie, durch welche unterirdischen Kanäle Erfahrungen fließen müssen, bevor sie als Bach zutage treten, auf dem man Schiffchen fahren lassen kann.

PETER GROSZ

Schwarz auf weiß

Schlimmer hätte es nicht kommen können. Jetzt auch noch in Deutsch ne Fünf. Dabei ist er sich so sicher gewesen, daß es diesmal klappt.
Wenn du schon mal ein gutes Gefühl hast, Max, dann geht's bestimmt daneben, hört er seine Mutter sagen.
Daneben. Wie gehabt. Irgendwie läuft in letzter Zeit auch alles daneben. Wie verhext. Je mehr er sich anstrengt, um so sicherer ist es, daß er die Arbeit verhaut. Früher, da hat er nicht lange nachgedacht, und irgendwie ist's was geworden. Seit er aber überlegt, was denn nun der Kötter beim Erzählen als richtig oder falsch ansehen würde, geht's daneben. Dabei müßte er mittlerweile ordentlich Übung haben. Neuerdings schreibt er doch jeden Tag. Nein, nicht darüber, was er so gemacht hat den langen Tag lang, eher über das, was einem schon mal durch den Kopf geht, wenn man allein ist. Na ja, was man halt so schreibt. Ohne lange

zu überlegen, was denn nun in die Einleitung muß. Oder wie man den Hauptteil rund gestaltet. Einen richtigen Schluß hat er dabei aber auch nie gefunden, weil's keine Antworten gibt auf das, worüber man so nachdenkt, wenn man keinen fragen kann. Weil keiner da ist, den man fragen will. Oder weil man sich nicht traut. Da ist auch schon mal ein Gedicht dabei herausgekommen, manchmal eine Geschichte. Das hat er aber immer erst gemerkt, wenn er das, was er da geschrieben hat, noch mal durchgelesen hat. Meistens hat er sich wundern müssen, daß er das geschrieben haben soll, was da steht, schwarz auf weiß, so nah und doch fremd, als hätte es sich allein geschrieben, als hätte sich etwas unmerklich verselbständigt.

Einige von euch schreiben wunderbare Aufsätze, sagt der Kötter und wandert mit den Augen über die Tische hinweg, einige aber kriegen das nicht auf die Reihe.

Guck mich nicht so an, Kötter! Die wissen doch alle, wer gemeint ist. Brauchen sich gar nicht mehr umzudrehen.

Besonders hervorheben möchte ich da die Anne-Kathrin, die Julia und den Thomas, sehr ordentlich, sehr sauber, vor allem aber lebendig und anschaulich, weil sie viele Adjektive einbauen.

Wieso braucht's da Adjektive, wenn's lebendig sein soll? Wieso soll er das, was ihm durch den Kopf geht, ausschmücken. So, wie er es empfindet, ist's richtig. Nachträglich ein paar Adjektive über die Geschichte verteilen, damit's dem Kötter recht ist, das würde das Ganze doch nur irgendwie unecht machen.

Kötter ist da anderer Meinung: Wer so schön erzählen kann wie ihr drei, dem sollte man doch mal einen Wettbewerb

empfehlen. Dabei kramt er einen Zeitungsartikel aus der Tasche.
Hier, das wäre was für euch; bin sicher, daß ihr da Erfolg haben würdet. Dann liest er vor:
Junge Autoren gesucht. Im Auftrag des Bundesministeriums für Bildung ... Na klaro, wieder was für Streber! Bildungsminister, also Einleitung, Hauptteil und Schluß ... *veranstaltet die Berliner Festspiele GmbH den bundesweiten Wettbewerb »Schüler schreiben« mit dem »Treffen junger Autoren« vom 23. bis 27. November in Berlin* ... Nach Berlin würde er schon gerne mal fahren. Muß schön was los sein dort, hat er im Fernsehen gesehen. Da hat gerade so 'n Künstler den Reichstag verpackt und verschnürt wie ein riesiges Geschenk. Darüber haben sich einige im Fernsehen mächtig aufgeregt, das hat er aber nicht verstanden, denn da war voll die Stimmung gewesen, Tag und Nacht. Da ist auch mal so ne Mauer durch die ganze Stadt gegangen, hat er irgendwo gelesen, mittendurch, aber das war früher, als er noch im Kindergarten war, und da hat er noch nichts mitgekriegt ... *wer schreibt Gedichte, Geschichten, Dramatisches, Satire und Parodien, Märchen und Science-fiction, Reportagen, Nonsens oder ganz anderes zu Themen wie Liebe, Schule, Haß, alltägliche Gewalt* ... Was? Schreiben, was man will? Auch wenn er nicht alle Wörter versteht, weil sie noch nicht dran waren im Unterricht, so scheint das doch anders zu sein als beim Kötter, nichts von wegen 6. Klassenarbeit, Aufsatz, »Ein Grashalm erzählt« oder »Noch einmal Glück gehabt« ... *Mitmachen können alle ab zehn Jahre* ... Nun, da ist er schon dicke drüber. Er ist ja schon im schwierigen Alter. Immerhin behauptet das seine Mut-

ter jetzt schon seit zwei Jahren, wenn sie mit Oma telefoniert ... *Einsendeschluß ist der 15. Juni* ... Also gar nicht sofort, so hoppla hopp wie in der Klassenarbeit, auf Knopfdruck losschreiben und höchstens zwei Schulstunden Zeit... *ca. 25 junge Autorinnen und Autoren werden zum »Treffen junger Autoren« mit Literatur-Workshops, öffentlichen Lesungen, Lektoratsgesprächen u. v. m. nach Berlin eingeladen. Ca. 50 Einsenderinnen und Einsender erhalten Bücherschecks im Werte von je 100 DM. Alle Einsenderinnen und Einsender erhalten das Buch mit den ausgewählten Texten* ...
Is ja riesig. Wenn's denn stimmt. Ein Wettbewerb, bei dem jeder gewinnt, der mitmacht – da muß doch ein Haken dran sein. Wahrscheinlich wird man nur zugelassen, wenn der Deutschlehrer es genehmigt oder so.
Und dann sagt der Kötter: Wer mitmachen will, der kann mir ja mal seine Geschichte zeigen, und wenn sie gut ist, kriegt er dann von mir die Anschrift, wo die Geschichten hingeschickt werden sollen.
Also doch. Wäre ja auch zu schön gewesen.
Ich lese euch jetzt mal die Geschichte der elfjährigen Katharina vor aus dem Buch, in dem die ausgewählten Texte von vor zwei Jahren veröffentlicht wurden. Das Buch heißt »Unter der Steinhaut«.
Unter der Steinhaut. Das hört sich aber gar nicht nach Kötter an. Nichts von »Mein schönstes Erlebnis« oder »Der Frühling ist gekommen«.
Kaum hat der Kötter zu lesen begonnen, da hat Max gewußt, daß diese Geschichte wenig mit dem zu tun hat, worauf der Kötter soviel Wert legt.
Alles war toll. Ist es immer. Meistens. Oft. Manchmal. Selten.

Nie. Zumindest bevor ich aufwachte, war es toll. Schade, es war nur ein Traum ...

Als der Kötter zu Ende gelesen hat, sagt Anne-Kathrin: Aber das ist ja gar keine richtige Geschichte, Herr Kötter, und die Sätze sind gar keine richtigen Sätze nicht.

Genau, Anne-Kathrin, bei vielem, was da in dem Buch steht, verstehe ich auch nicht, warum das ausgewählt wurde, aber es ist nicht meine Aufgabe, das zu beurteilen.

Das ist ja gar nicht gegliedert, keine Einleitung, und der Schluß fehlt auch, sagt Thomas.

Sehr gut, sagt Kötter.

Und gerade deshalb bin ich der Meinung, daß einige von euch sich da bewerben sollten.

Und ausgeschmückt ist die Geschichte auch nicht, ich hab da keine Adjektive herausgehört, sagt Julia.

Max weiß nicht, was ihn treibt; ohne nachzudenken, hat er die Hand gehoben.

Der Kötter zieht die linke Augenbraue hoch, als er Max' hochgereckten Zeigefinger sieht.

Mußt du mal aufs Klo, Max?

Max spürt, wie ihm die Hitze ins Gesicht schießt.

Nein. Ich wollte nur sagen, daß ich die Geschichte sehr gut finde, gerade weil sie keine Adjektive hat, weil das auch gar nicht passen würde zu dieser Geschichte, weil sich das Mädchen gar nicht wohl fühlt in der Stadt und weil da gar nichts ist, was ausgeschmückt werden könnte, wenn man unglücklich ist.

Ach, guck mal da, unser Experte!

Alle lachen.

Du mußt es ja wissen, Max.

Unser Nobelpreisträger hat wieder mal zugeschlagen, brüllt Ralph.
Jetzt wiehern sie richtig.
Gott sei Dank klingelt es. Sonja hätte sich sonst wohl noch in die Hose gemacht vor Lachen. Daß sie am lautesten gelacht hat, tut Max besonders weh.
Der Kötter räumt seine Tasche ein. Im Vorbeigehen sieht Max noch das Buch, blau mit silbergrauer Schrift. Unter der Steinhaut. Einige stehen noch um den Tisch herum und wollen wissen, worüber sie denn eine Geschichte schreiben sollen für den Wettbewerb. Kötters Antwort hat Max nicht mehr hören können.
Schneller als sonst hat er die Klasse verlassen.

Am Nachmittag steht er etwas ratlos in der Buchhandlung herum. Wo soll er suchen? Blau mit silbergrauer Schrift.
Suchst du was Bestimmtes?
Die Frau lächelt ihn an.
Unter der Steinhaut, sagt Max.
Mal sehen, sagt die Frau und schaut im Computer nach.
Ah, da haben wir's ja. – Einen Moment noch, sagt sie und geht zu den Regalen. Kurz darauf kommt sie wieder. In der Hand das Buch. Blau. Mit silbergrauer Schrift.
Soll ich's als Geschenk einpacken?
Nein, nein, ist für mich.

Die Geschichte von Katharina hat er gleich wiedergefunden. Sie gefällt ihm jetzt, wo er sie selber lesen kann, noch viel besser.
Manche Geschichten und Gedichte in dem Buch findet er

weniger gut. Obwohl er spürt, daß da was dran ist. Und es ärgert ihn, daß er erst zwölf ist und nicht versteht, was die da schreiben. Daß der Kötter an einigen Geschichten was auszusetzen hat, ist ihm schnell klargeworden. Kaum einer hält sich an die Regeln, auf denen der rumpocht. Wenn die alle in seiner Klasse sitzen würden, dann wäre er nicht so allein, wenn die Aufsätze zurückgegeben werden.

Vielleicht sollte er es doch mal versuchen. In Berlin. Er hat ja nichts zu verlieren.

Als er aber liest, daß 2566 sich beworben haben, ist's aus. Da hab ich ja gar keine Chance. Das ist ja so, als ob alle aus seiner Klasse und dann noch alle aus 99 anderen Klassen mitmachten. Das ist ja ein ganzes Stadion voll, ein ganzes Dorf! Und er stellt sich vor, da gäb's irgendwo ein Dorf, in dem alle schreiben, das wär zwar schön, aber da zu den 25 zu gehören, die ausgewählt werden – da muß man schon ordentlich Schwein haben. Und dann steht auch noch hinter jedem, der schreibt, ein Kötter. 2566mal! Das kann aber gar nicht sein. So viele Lehrer gibt's ja gar nicht. Und wenn es sie gäbe, wer sagt, daß die, die sich da bewerben, alle gut sind. Wenn der Kötter sich irrt, irren sich vielleicht noch ein paar andere Kötter.

Vielleicht kann man sich ja auch bewerben, ohne daß der Lehrer die Geschichte gesehen hat. Dann kann ihn auch keiner auslachen, wenn's schiefgeht. Würde doch sowieso keiner wissen, daß er mitgemacht hat. Da gab's wohl nur eine Möglichkeit herauszufinden, ob der Kötter einverstanden sein muß.

Wenn du eine Telefonnummer nicht weißt, mußt du die 01188 anrufen, hat seine Mutter mal gesagt.
Es hat gar nicht lange gedauert, dann hat die Stimme am anderen Ende gequäkt: Die Nummer wird angesagt. Gott sei Dank hat der Automat die Nummer wiederholt, denn in der Aufregung hat er sich doch glatt verhört.
Zunächst ist dauernd besetzt.
Noch dreimal versuch ich's, dann ist Schluß.
Doch schon beim nächsten Versuch klingelt es. Max kriegt gar nicht mit, was die Frau sagt, sofort legt er los.
Guten Tag, ich würde gerne etwas zu dem Wettbewerb »Schüler schreiben« erfahren.
Moment, ich verbinde.
Dann ist da plötzlich eine andere Frauenstimme, und die hört sich nett an. Obwohl sich Max vorgenommen hat, ganz cool zu bleiben, verhaspelt er sich doch.
Also, ich würde da gerne was wissen, dieser Wettbewerb »Schüler schreiben«, kann denn da jeder mitmachen, und muß der Kötter, also, ich meine, mein Deutschlehrer, muß der meine Geschichte vorher gelesen haben, ob sie gut ist?
Mal schön der Reihe nach: Jeder, der Lust hat, kann sich bewerben, dein Lehrer muß das, was du einschickst, nicht gelesen haben.
Muß man denn gut sein in der Schule?
Die Frau lacht.
Danach fragt hier keiner. Die Hauptsache ist, du hast Spaß am Schreiben und schreibst über das, was dich interessiert. Allerdings dürfen es nicht mehr als fünf Seiten sein, weil sonst die Leute, die das lesen, zu lange brauchten für die Auswahl.

Und wann weiß man, ob man ausgewählt wurde?
Na ja, so Ende September, wenn die Jury getagt hat, kriegst du einen Brief von mir.
Herr Kötter erfährt also nichts, wenn ich mitmache?
Die Frau lacht wieder.
Nein, außer du selber sagst es ihm. Oder aber du wirst ausgewählt, dann kriegt er es sowieso mit, weil du dich in der Schule vom Unterricht befreien lassen mußt, um nach Berlin zu kommen.
Das wäre dann nicht mehr so schlimm, sagt Max.
Jetzt lacht die Frau ganz laut.
Nein, so schlimm wäre das dann wirklich nicht.
Und ich kann schreiben, was ich will?
Natürlich. Nur sollten es höchstens fünf Schreibmaschinenseiten sein mit einem breiten linken Rand.
Oje! Schreibmaschine? Und wenn ich mich da vertippe, werden die Fehler am Rand vermerkt und mit gewertet?
Keine Bange, da gucken alle drüber hinweg.
Uff, da hab ich aber Glück gehabt.
Jetzt mußt du mir noch deine Anschrift durchgeben, damit wir dir deinen Bewerbungsbogen zuschicken, den du dann ausgefüllt deiner Geschichte beilegst.
Zwei Tage später ist der Brief aus Berlin da.
Sofort hat Max Seite um Seite in seinem dicken Heft noch einmal gelesen. Irgendwo muß doch eine Geschichte sein, mit der er sich bewerben könnte. Und dann hat er sich entschieden. Sie hat was mit ihm zu tun, und doch nicht ganz, weil einiges hinzugeflunkert ist, und mit Kötter, doch auch da nicht so recht, weil der viel zu gut wegkommt bei der Wut, die er manchmal auf ihn hat. Die Geschichte hat

er geschrieben nach der letzten Aufsatznote, als es ihm ziemlich dreckig ging.
Abends hat er seinen Vater gefragt, ob er sich mal die Schreibmaschine ausleihen könne.
Meinetwegen, hat sein Vater gesagt.
Zwei Nachmittage hat er sich den Rücken krummgesessen, bis in die Abendstunden hinein, hat nach den richtigen Buchstaben gesucht. Je länger es dauert, um so besser geht's voran; nur die erste Seite hat er mehrmals anfangen müssen; jetzt ist er schon auf der zweiten.
Tippst du da eigentlich was Bestimmtes, oder klopfst du nur so im Blindflug auf dem Ding rum, fragt seine Mutter beim Abendbrot.
Ich übe, sagt Max.
Ach, laß ihn doch, kann ja nichts schaden, wenn er mal was Sinnvolles tut, sagt sein Vater.
Immer noch einmal liest er durch, was er schon getippt hat, sucht nach Fehlern, überprüft die Rechtschreibung im Duden. Sicher ist sicher, nur nicht blamieren!

Die Chance

»So 'n Schleimbeutel!«
Pille ist stinkig. Da hat ihm der Fiesling von Schrötter wieder eine Sechs reingedrückt. Lächelnd. Wie immer.
»Mann, bist du bescheuert!« hatte Ralph gestichelt. »War doch käseleicht.«

Und alle hatten wieder jenen mitleidigen Blick draufgehabt, den Pille nicht mehr sehen will.
Pille ist sehr stinkig. Während die jetzt in der Pause herumtoben, Ralph und ein paar Jungs einen Tennisball durch die Landschaft kicken, steht Pille hinter der Hecke und kann das Gesicht nicht loswerden, das da groß und traurig in seinem Kopf sitzt. Er kennt dieses Gesicht, und er kennt diese Augen, in denen gleich die Tränen stehen werden. Und er kennt diese Stimme, die gleich ziemlich gewürgt losjammern wird:
»Ach, Edgar, was soll nur aus dir werden?«
Pille heißt gar nicht Pille, obwohl er so aussieht. Pille heißt eigentlich Edgar.
Aber das weiß fast keiner mehr. Klein und rund war er am ersten Schultag in der Fünften in die Klasse gestolpert, und Ralph hatte seinen doofen Westernschrei losgelassen und gejohlt: »Guckt mal, die Pille rollt ein!« Und damit war die Sache gegessen.
Pille hat einen Tiger im Bauch. Am liebsten würde er alle in der Luft zerreißen. Zuerst den Schrötter.
Wütend versetzt er der Cola-Dose einen Tritt, daß sie scheppernd über den Hof hüpft. Genau dem Schrötter ans Schienbein. »Mist!«
Pille erstarrt. Doch der Schrötter bückt sich nur, massiert sich das Bein. Dabei rutscht ihm die Jacke von der Schulter und fällt zu Boden. Pille steht noch immer wie angewurzelt da, und

es jagt ihm kalt und heiß über den Rücken. Innerlich duckt er sich schon. Doch der Schrötter guckt ihn nur etwas streng an, hebt die Jacke auf und geht weg.
Schwein gehabt, denkt Pille. Wie er sich aber wegdrehen will, sieht er sie. Er kann seinen Augen nicht trauen. Verstohlen blickt er sich um. Keiner scheint was bemerkt zu haben. Er huscht hin. Da liegt sie, prall und glänzend: die Brieftasche des Herrn Schrötter.

Am liebsten würde er hier schon Schluß machen. Das wäre zwar noch keine richtige Geschichte, aber dann hätte doch jeder die Möglichkeit, sich selbst auszudenken, wie's weitergeht. Wenn dann aber die, die das lesen in Berlin, glauben, daß er nicht fertig geworden ist, weil ihm nichts mehr einfiel? Sicher ist sicher. Also weiter.

Nach zwei Tagen liegt die ganze Geschichte vor ihm. Genau fünf Seiten. Noch am Abend füllt er den Bewerbungsbogen aus und steckt alles in einen Umschlag, den er auf dem Tisch seines Vaters gefunden hat.
Ganz schön dick ist der Brief geworden, den er tags darauf zur Post bringt.
Dreimal noch macht er heimlich das Siegeszeichen drüber, bevor er ihn am Schalter abgibt. Einen so wichtigen Brief hat er noch nie verschickt.

Anne-Kathrin, Julia und Thomas haben auch Geschichten geschrieben.

Vorlesen, vorlesen! fordern alle. Die meisten wohl nur, um so den Kötter daran zu hindern, Grammatik zu machen.
Max ist wirklich gespannt.
Als alle drei ihre Geschichte gelesen haben, lobt der Kötter die gute Gliederung und gibt ihnen da und dort einen Tip, was sie noch ausschmücken müssen.
Max hat eigentlich nicht viel übrig für Geschichten, in denen es von guten und bösen Feen nur so wimmelt. Und Geschichten, in denen das gruselige nächtliche Scharren auf dem Dachboden sich als das langersehnte Kätzchen, Hündchen oder sonstwas entpuppt, kann er gar nicht verknusen. Schon gar nichts anfangen kann er mit Geschichten, in denen ein Raumschiff nach dem anderen in irgendwelchen schwarzen Löchern verschwindet. Und doch muß er zugeben, daß die Geschichten, die er da gehört hat, gar nicht schlecht erzählt waren. Irgendwie bedauert er es jetzt schon, eine Geschichte nach Berlin geschickt zu haben, in der weder irgendwer aus irgendwie unerfindlichen Gründen nach irgendeiner goldenen Kugel sucht noch irgendein irgendwie gespenstisches Treiben irgendwem den Schlaf raubt, noch irgend so ein Captain mit irgendeiner Laserkanone irgendwie rumballert. Wahrscheinlich wird es kommen, wie es immer kommt. Ganz dicke. Die ganzen Sommerferien über wird er an diesen September denken müssen, und dann wird einer von den dreien einen Brief kriegen aus Berlin. Und er wird leer ausgehen. Daneben eben. Wie gehabt. Meistens. Oft. Manchmal. Schade, es war nur ein Traum. Oder auch nicht. Daneben? Dann eben nicht. Soll doch wer immer nach Berlin fahren, Anne-Kathrin, Julia oder Thomas oder . . . oder er, was macht das schon.

Er hat ja geschrieben, ohne daß er was wußte von diesem Wettbewerb. Und er würde weiter schreiben, weil es schön ist zu wissen, daß man schreiben kann, was man will, ohne daß einem einer über die Schultern guckt. Und die Geschichten im Heft kann auch keiner mehr wegmachen, es bleiben seine Geschichten, und es werden neue hinzukommen, schwarz auf weiß, so nah und fremd zugleich. Geschichten, die da herkommen, wo auch die Fragen herkommen, auf die er keine Antworten findet. Geschichten aus dem Kopf und aus dem Bauch. Wörter, die hinter Wörtern herjagen, schwarz auf weiß. Geschichten ohne Einleitung und immer ohne Schluß. Und eines Tages, vielleicht, wird ein Brief aus Berlin kommen, oder anderswoher, wer weiß. Vielleicht . . .

Bundesweiter Wettbewerb »Schüler schreiben – Treffen junger Autoren«, Berliner Festspiele GmbH, Budapester Str. 50, 10787 Berlin.

V. Medienkritische Betrachtungen

Horst Petri

Frißt der Bildschirm unsere Kinder?

Die Kritik am Medium Fernsehen greift zu kurz

Immer wieder werde ich von einer moralischen Empörung eingeholt, zugegeben, meist erst nach einiger lustvollen Entspannung vor dem Bildschirm. Faustschläge explodieren mit der Wucht von Dampframmen in Gesichtern, Leichenfelder im Kugelhagel von Maschinenpistolen, nackte Körper im Liebestaumel oder sexuelle Perversionen pur, apokalyptische Zerstörungsorgien neben der spielerischen Enthüllungskunst von Moderatoren, die die Intimitäten ihrer Gesprächspartner wie Obst und Gemüse feilbieten.

Ich bin aufgeklärt. Aber was ist mit unseren Kindern? Und der Jugend? Wie sollen sie diese wildgewordene, alle moralischen Grenzen sprengende Bilderflut verarbeiten? Sind sie nicht hilflose Opfer solcher Vorbilder? Werden sie nicht umgepolt zu potentiellen Tätern, nachdem ihnen die Ikonographie menschlicher Leidenschaft und Triebentfesse-

lung von früher Kindheit an jedes Gefühl für Geheimnis, Schuld und Scham geraubt hat?
Neil Postman scheint durch eine ähnliche Empörung zu seiner radikalen Kritik am Medium Fernsehen verleitet worden zu sein. »Das Verschwinden der Kindheit«, so prophezeite er 1982, werde durch dessen spezifische Einflüsse unaufhaltsam fortschreiten. In seiner Nachfolge ist seitdem die Zahl der Empörten zu einem mächtigen Chor angewachsen; getarnt durch fachliche Autorität, klagt er die angeblich verheerenden Auswirkungen des Fernsehens auf die seelische Entwicklung von Kindern und Jugendlichen an. Aus dem Tenor der Appelle und Forderungen nach stärkeren gesetzlichen Kontrollen läßt sich eine unverkennbare Tendenz zur Dämonisierung herauslesen.
Die »Fernsehkindheit« führe zur sozialen Isolation, verhindere die Entwicklung eines kritischen Denkens und Urteilens, schränke den aktiven Handlungsspielraum in kindlichen Erfahrungswelten ein, fördere hedonistische Konsumhaltungen, und die Verherrlichung aller Formen der Brutalität leite zur aggressiven Entladung von Frustrationen und zur gewalttätigen Lösung von Konflikten an. Das angeführte Zahlenmaterial, z. B. über die tägliche Fernsehzeit von Kindern oder die Anzahl der visualisierten Opfer von Mord und Totschlag, suggeriert den Eindruck eines unmenschlichen Megaexperiments, dem der größte Teil der kindlichen Bevölkerung unterworfen und dabei gezwungen wird, die überwiegende Zeit dieser Lebensphase quasi gefesselt vor dem Fernseher zu verbringen. Durch eine solche jahrelange Gehirnwäsche, so lautet die unausgesprochene Botschaft, entstehe kollektiv ein seiner Kind-

heit beraubtes und frühzeitig gealtertes Individuum, das die von einem Erwachsenen geforderten Reifekriterien und sozialen Verhaltenskompetenzen jedoch nicht entwickeln könne – kurz, der von der Telekratie entmündigte, beherrschte und automatisierte Mensch.

Was ist dran an dieser Vision? Nach historischer Erfahrung treten Katastrophenphantasien an Wendepunkten der Geschichte auf, die einen grundsätzlichen Wandel der Kultur und des Gesellschaftsgefüges zur Folge haben. Besonders die großen Sprünge in der zivilisatorischen Entwicklung können ein hohes Angstpotential vor dem Neuen, Unbekannten und Unbegreifbaren auslösen und führen zur Projektion düsterer Schreckensbilder in die Zukunft. Der erste fundamentale Wandel im Bereich der Medien war nicht die Erfindung des Buchstabens als Symbol nichtsprachlicher Verständigung; erst der Buchdruck ab der Mitte des 15. Jahrhunderts erschloß Möglichkeiten der Vervielfältigung und Verbreitung des geschriebenen Wortes, die eine Revolution des Wissens und der Aufklärung breiter Bevölkerungsschichten einleiteten. Die Angst besonders des Klerus vor einer aufgeklärten »Masse« und die Formen der Verfolgung und des Verbots »sündiger Schriften« und ihrer Urheber als »Teufelswerk« beim Übergang vom Mittelalter zur Neuzeit sind ein exemplarisches Beispiel für die Entstehung von Panikgefühlen im Rahmen kulturhistorischer Umbrüche.

Heute bedeutet der rapide Anstieg technologischer Möglichkeiten seit Ende des Zweiten Weltkriegs ebenfalls einen Sprung in der zivilisatorischen Entwicklung, da der Fortschritt gleichzeitig Problemlagen von globalem und erst-

malig von menschheitsgefährdendem Ausmaß geschaffen hat. Unter den elektronischen Medien als Teil dieser technischen Revolutionen nimmt das Fernsehen insofern eine besondere Rolle ein, als mit ihm eine international vernetzte Informationsbörse entstand, die durch die Art ihrer Vermittlung zu einer der mächtigsten Sozialisations- und Meinungsbildungsagenturen der Gesellschaft wurde. Durch die sinnliche, kognitiv kaum zu verarbeitende Suggestivkraft der Bilder entwickelte sich das Fernsehen zu einer Bewußtseinsindustrie, wie sie in ihrer Breitenwirkung bisher kein anderes Medium erreicht hat. Zweifellos macht dieser imperiale Machtzugriff des Fernsehens vor der Kindheit nicht halt. Im Gegenteil findet durch das gesamte Sendeangebot, einschließlich einer psychologisch hochentwickelten Kinderzentriertheit des Mediums, eine Transformation bisheriger Kinderkultur statt, die einen wesentlichen Beitrag zur »Modernisierung der Kindheit« leistet.
Die seelischen und psychosozialen Auswirkungen dieses Umbruchs sind heute noch schwer einzuschätzen und konnten auch von einer breiten Medienforschung bisher nicht geklärt werden. Der Protest gegen diese Entwicklung dürfte daher zuallererst aus der Angst vor dem Unbekannten, dem »Teufelswerk«, mit seinen vermeintlichen Gefährdungen für die junge Generation stammen. Die folgenden Überlegungen sollen daher zur Ergänzung und Versachlichung der aktuellen Diskussion beitragen.
Fernsehen ist ein Teil unserer täglich gelebten Umwelt. Im Rahmen der kritischen Argumentation rückt es jedoch oftmals an die erste und alles entscheidende Position von Umweltfaktoren, die die angeblich verhängnisvollen Wei-

chen für die Zukunft der kindlichen Entwicklung stellt. Eine solche einseitige Akzentuierung erscheint nicht nur falsch, sondern auch gefährlich, weil sie von der genaueren Betrachtung anderer Umweltbedingungen ablenkt.

In den vergangenen zehn bis fünfzehn Jahren nahm die Zahl der Kinder- und Jugendstudien zu, die die Einstellung der jungen Generation zu ihrer persönlichen und gesellschaftlichen Umwelt untersuchten, um seelisch belastende Umweltfaktoren genauer erfassen zu können. Dabei zeigte sich mit großer Übereinstimmung ein erhebliches Ausmaß an Zukunftsängsten, die vor allem durch folgende gesellschaftliche Faktoren ausgelöst werden: Krieg, speziell Atomkrieg, die ökologische Umweltzerstörung, die Technologieentwicklung, speziell Atomenergie, Großtechnologie, Computertechnik und Gentechnologie, die Unsicherheit in bezug auf freie Berufswahl und Arbeitslosigkeit, die Zubetonierung der Wohnumwelt und die unkontrollierbare Müllvermehrung. Bei all diesen angstauslösenden Faktoren handelt es sich um die Folgen eines gesellschaftlichen Umbruchs, der die Zukunft der jungen Generation existentiell betrifft. Die seelischen und psychosozialen Auswirkungen, darauf weisen die Ergebnisse aller Studien hin, geben langfristig tatsächlich Anlaß zur Sorge. Über sie wird aber in der Öffentlichkeit und auch in der Fachwelt eher weniger diskutiert als über die Gefahren der Medien. Möglicherweise wird hierbei eine Stellvertreterdiskussion geführt, die von den eigentlich bedrohlichen Entwicklungen ablenken soll.

Dieser Eindruck wird durch eine andere Erfahrung unterstrichen. Diskussionen über das Medium Fernsehen klammern auffallend häufig den persönlichen und gesellschaftlichen Kontext aus, deren Berücksichtigung jedoch für das Verständnis von Fernsehwirkungen unverzichtbar ist. Ein Kind wird nicht gewalttätig, weil es die Gewaltvorbilder des Fernsehens nachahmt; diese können nur wirksam werden, wenn das kindliche Ich zuvor Gewalterfahrungen familiärer oder gesellschaftlicher Art unterworfen war, die sich mit der Fernsehgewalt verbinden. Solche ebenso einfachen wie psychologisch unschwer nachweisbaren Zusammenhänge findet man selbst in Fachdiskussionen selten berücksichtigt. In ihnen wird auch nicht zur Kenntnis genommen, daß in den vorliegenden Kinder- und Jugendstudien über gesellschaftlich bedingte Bedrohungsfaktoren das Fernsehen als Lebensumwelt von der jungen Generation selbst kaum problematisiert oder gar als Gefährdung der eigenen Entwicklung erlebt wird. »Den Knopf eines Bildschirms kann ich selbst bedienen, aber auf die Schaltung eines Atomreaktors habe ich keinerlei Einfluß!« Die Dämonisierung des Fernsehens erfolgt also vornehmlich durch Erwachsene, während Kinder und Jugendliche die wahren Dämonen längst identifiziert haben, die ihre Lebensfreude und Zukunftshoffnung mit Angst durchsetzen.

Marshall McLuhan ist einer der wenigen Zeitdiagnostiker, der den Kritikern des Fernsehens entgegenhält, dieses Medium müsse als »völlig neue Technik« begriffen werden, durch die die Jugend ganz »andere Sinnesreaktionen« entwickele als alle Generationen vor ihr. Die Kluft zwischen den Generationen, von der er spricht, läßt sich aber noch in anderer Weise erklären als durch unterschiedliche mediale Wahrnehmungsqualitäten. Vielmehr dürften die Inhalte

der visuellen Information die Kritiker auf den Plan rufen. Worum geht es dabei?
Die technischen Revolutionen der neuesten Zeit sind nur durch die Erkenntnisschritte möglich geworden, mit denen die Wissenschaft immer radikaler der Natur ihre Geheimnisse entrissen hat, indem sie sie bis in ihre molekularen und atomaren Strukturen zerlegte. Diese Tatsache nehmen wir heute ebenso selbstverständlich hin wie die exzessive Nutzung des durch sie bedingten Fortschritts. Im Schatten der technologischen Entwicklung fanden etwa im ersten Drittel dieses Jahrhunderts zeitlich parallel die ersten psychologischen Erforschungen der menschlichen Natur selbst statt. Die Psychoanalyse legte das Wesen des Menschen bis in seine tiefsten Schichten bloß, sezierte und skelettierte den Homo sapiens bis auf die Ursprungskerne seiner psychischen Struktur; sie wurde die zuständige Wissenschaft für den »dunklen Kontinent« im Menschen, wie ihn Freud nannte. Die revolutionäre Großtat Freuds stand in der Tradition der Aufklärung; durch empirisch-therapeutische Erfahrungen konnte sie erstmalig die Richtigkeit der Thesen eines de Sade nachweisen, nach denen das menschliche Verhalten stärker durch anarchistische Triebe, Bedürfnisse und Gefühle gelenkt wird als durch die steuernde Kraft der Vernunft. De Sade wie Freud büßten für die radikale Desillusionierung, mit der sie die Öffentlichkeit über die wahre Natur des Menschen aufklärten – de Sade mit Gefängnis und Irrenanstalt, Freud mit der verächtlichen Kritik und Ablehnung durch die Fachwelt.
Dieser kulturhistorische Zusammenhang verdeutlicht den Wiederholungscharakter heutiger Fernsehkritik. Die

Einzigartigkeit des Fernsehens besteht darin, daß es wie kein anderes Medium die Revolution der Technik mit den revolutionären Erkenntnissen der Psychologie verbindet. Damit nutzt es die letztmögliche Form der Aufklärung, die der Menschheit jemals zur Verfügung stand. Gleichzeitig verletzt sie darin eines der bisher geltenden, stärksten Tabus – die Schonung der Kinder vor der »ganzen Wahrheit«. Was jahrtausendelang an Tabuschranken aufgerichtet und als Geheimnis gewahrt wurde, wird mit der Bilderflut des Fernsehens nun endgültig hinweggespült. Kinder erfahren heute schon von frühestem Alter an jenseits aller familiären Heuchelei und Schulweisheit, wie Menschen wirklich sind. Die Faszination für sie liegt in der unverhüllten, schamfreien Offenheit, mit der Erwachsene ihre Gefühle von Liebe, Zärtlichkeit, sozialer Verantwortung, aber auch von Neid, Gier, Eifersucht und Haß darstellen, und in der Ungehemmtheit, mit der sie ihre Bedürfnisse nach Exhibition, Voyeurismus, Sexualität, Grausamkeit, Gewalt und Tötungslust ausleben können. Kinder erahnen in solchen Inszenierungen menschlicher Sinnlichkeit und Abgründe die Widerspiegelung eigener Naturhaftigkeit, die sich, durch die erwachsenen Vorbilder legitimiert, nicht mehr länger hinter der Maske der Unschuld verbergen muß. Sie werden zu frühen Mitwissern des menschlichen Dramas. Hierin liegt das eigentliche Skandalon.

Mit dieser radikalen Modernisierung der Aufklärung geht Kindheit nicht verloren. Aber sie schafft zweifellos neue »Kindheitskonstruktionen«, von denen noch unklar ist, in welcher Weise sie eine frühere Reifung und Mündigkeit fördern und die Prägung von Charakterstrukturen, menschlichen Bindungen und das Verhältnis der Generationen zueinander beeinflussen werden. Negative Befürchtungen hinsichtlich dieser Fragen haben zu bedenken: Es war nicht der Buchdruck, der Menschen durch ein Mehr an Aufklärung immer wieder in Kriege und Chaos gestürzt hat; im Gegenteil ist ohne ihn der höhere Grad an Freiheit und sozialer Gerechtigkeit nicht denkbar, der in einigen Teilen dieser Erde erreicht werden konnte. Warum sollte diese Option nicht auch für das Fernsehen gelten? Zur Gefahr kann es nur werden, darauf deuten viele Anzeichen hin, wenn familiäre und gesellschaftliche Lebensbedingungen Kinder in eine Fernsehsucht treiben, bei der ihnen der Bildschirm das Gefühl von Einsamkeit und Isolation nimmt und ihre ungelebten Bedürfnisse und Triebwünsche durch die Imagination der Bilder ersetzt. Die Vortäuschung einer scheinbar konfliktfreien Existenz durch die symbiotische Verschmelzung mit dem Medium und durch die Verhinderung realer Auseinandersetzungen in lebendigen Erfahrungszusammenhängen kehrt sich zwangsläufig als Vergeltungswut gegen die Außenwelt, weil der erzwungene Verzicht auf das wirkliche Leben langfristig als tiefes Unrecht erfahren wird.

Das Fernsehen ist nicht abzuschaffen, und es wird entsprechend der Dynamik jeden Fortschritts alles nutzen und ausbeuten, was sich ihm an technologischen Neuerungen und vertieften psychologischen Erkenntnissen bietet. Die denkbaren Szenarien, auf die wir uns vorbereiten müssen, sind unerschöpflich, solange der Mensch in der Lage sein wird, weiter zu forschen. Aber das Fernsehen ist in der Kette der Möglichkeiten die letzte Katastrophe, die die Zukunft der Kinder und das Überleben der Menschheit bedroht.

MICHAEL ALBUS

Verantwortung im Fernsehen für Kinder, Jugend und Familie aus der Sicht eines Programmverantwortlichen

Verantwortung ist die Pflicht und die Bereitschaft, für seine Handlungen einzustehen und ihre Folgen zu tragen.
Verantwortung heißt auch, Rechenschaft ablegen zu können über das Denken, das den Handlungen zugrunde liegt.
Verantwortung im Fernsehen für Kinder, Jugend und Familie heißt mit den Mitteln von Bild, Ton und Text diese Verantwortung wahrnehmen.
Und Verantwortung heißt auch, genau zu wissen, in welcher Lage Kinder, Jugend und Familie sich bei uns befinden. Mit anderen Worten: Es gehört zum Kern der Verantwortung, den Kontext, besser: die Kontexte zu kennen, in die hinein wir senden.
Ich spreche aus der Sicht eines Programmverantwortlichen im öffentlich-rechtlichen Fernsehen. Dies bedeutet angesichts der privaten Fernsehprogramme, die für Kinder ge-

sendet werden und denen Kinder und Jugendliche zunehmend mehr Aufmerksamkeit schenken als den öffentlich-rechtlichen, erhöhte Verantwortung. Das bedeutet nach Lage der Dinge nicht, daß wir an die Klagemauer gehen und lamentieren, sondern vielmehr, daß wir noch entschiedener als bisher auf Qualität und Professionalität unserer Sendungen achten müssen.
Artikel, Titelgeschichten in Illustrierten und Magazinen, zumal wenn sie spürbare Mängel in der Sorgfalt aufweisen und von polemischem Interesse geleitet sind, sind nicht Ausdruck wirklichen Interesses. Wir wollen, daß öffentlich über uns diskutiert wird. Denn nicht nur Erziehungsberechtigten und einigen ernannten und selbsternannten Kinderschützern muß es wichtig sein, was und wann für Kinder gesendet wird und was und wann nicht. Uns ist es aus unserer Pflicht, mehr, mehr noch aber aus unserer Neigung, ohne die sich die Pflicht nicht erfüllen läßt, wichtig, daß unsere Sendungen für, mit und über Kinder und Jugendliche professionell gut gemacht und inhaltlich und methodisch kompetent erarbeitet sind, daß sie sich nicht nur durch theoretische Fundierung, sondern auch durch Lebensnähe auszeichnen.
Bei allem, was wir Öffentlich-Rechtlichen falsch gemacht haben, falsch machen und noch falsch machen werden: Wir brauchen uns nicht zu verstecken mit den Ergebnissen unserer Arbeit. Kein übertriebenes Selbstbewußtsein, keine Angeberei, sondern belegbar nicht nur mit Preisen, Kritiken, Artikeln und Forschungsergebnissen, sondern auch mit vielen Reaktionen derer, für die wir senden: der Kinder und Jugendlichen.

Zur Situation

Kontexte außen

Zur Situation des Kinder- und Jugendprogramms gehören in erster Linie die äußeren Bedingungen, die Kontexte, in denen Programm entsteht.
Ein paar davon will ich nennen:

1. In der Bundesrepublik Deutschland gibt es zur Zeit rund 30 Millionen Familien. Ein Drittel sind Normalfamilien, das heißt: Eltern mit Kindern. Die Variationsbreite der Erscheinungsformen der sogenannten Normalfamilie ist beträchtlich. Fast die gesamten zwei anderen Drittel sind unvollständige Familien. Die Dreigenerationenfamilien sind mit drei Prozent ganz deutlich in der Minderheit.

2. Die Zahl der Mitglieder in den verschiedensten Familienformen nimmt ab. Im Schnitt hat die Familie in der Bundesrepublik – statistisch gesehen – rund 1,3 Kinder. Gemessen am gegenwärtigen Trend der Bevölkerungsentwicklung wird sich die Zahl der Einwohner bei uns in 50 Jahren halbiert haben. Die Bevölkerung wird überaltert sein. Kinder und Jugendliche wachsen in regelrechten Gerontokratien auf.

3. Seit 1965 hat sich die Zahl der Ehescheidungen verdoppelt. Die Entwicklung hält an. Zur Zeit wird jede dritte bis vierte Ehe im Zeitraum von vier Jahren nach der Eheschließung wieder geschieden. Kinder und Jugend-

liche sind von wachsender Unstetigkeit und Störanfälligkeit, von der Unverbindlichkeit der Verbindungen und Bindungen der erwachsenen Partner nachhaltig betroffen.

4. Gleichwohl bleibt ihr Wunsch nach dauerhaften Bindungen, nach Geborgenheit, Annahme, Interesse. Doch die Wirklichkeit, die ihnen Erwachsene bereiten, steht ihren Wünschen und Sehnsüchten vielfach entgegen. Ein paar Beispiele und kurze Nachrichten:
Von gewaltigem Ausmaß ist der Einsatz von Medikamenten, mit denen Kinder in ihrer Not gedämpft, geräusch- und reibungslos gemacht werden. Eine Studie von 1984 weist nach, daß auf 9,1 Millionen Kinder im Alter von 0 bis 12 Jahren, die in der Bundesrepublik leben, statistisch 51millionenmal pro Jahr ein Medikament verschrieben wird. Das sind pro Jahr und Kind sechs Medikamente. 15,4 % der Verschreibungen sind Psychopharmaka. Die Einnahme von Beruhigungsmitteln liegt bei Kindern und Jugendlichen höher als bei Erwachsenen.

5. Rund 13.000 Kinder und Jugendliche versuchen sich jährlich umzubringen. Bei etwa 1.000 von ihnen endet der Versuch mit dem Tod. Obwohl am häufigsten Jungen zwischen 16 und 17 die Flucht in den Tod antreten, steigt die Zahl der jüngeren Kinder zusehends. Kliniklleiter berichten, daß noch nie so viele Zwölf- und Dreizehnjährige nach einem Selbstmordversuch eingeliefert wurden wie in den letzten zwei Jahren. Unter-

schwellig werden diese jungen Menschen von dem Gefühl geleitet, nutzlos zu sein, keine Chance zu haben, nicht gebraucht zu werden.

6. Was nur nebenbei gestreift werden kann, ist der grassierende Alkoholismus bei Kindern. Die Zahlen gehen hier in die Hunderttausende, und sie steigen rasant.

7. Tatsache ist auch, daß es immer mehr unter den immer weniger Kindern gibt, die ohne wirkliche Primärerfahrungen aufwachsen, weil sie ihnen von Erwachsenen nicht vermittelt werden. Sie leiden an Wirklichkeitsverlust, an Liebesentzug, an seelischer Verwahrlosung.
   Fazit: Die Liste der in Auswahl genannten defizitären Kontexte zeigt die dunkle Kehrseite einer großen Sehnsucht. Das Problem sind die sogenannten Erwachsenen, keinesfalls die Kinder.
   Kinder wachsen gegenwärtig in einer Gesellschaft von Erwachsenen auf, die kein wirkliches Interesse an Kindern hat. Inter-esse kommt aus dem Lateinischen und heißt wörtlich: Drinnensein, Dazwischensein, Mitsein.

Kontexte innen

Zur Situation des Kinderprogramms gehören selbstverständlich auch die inneren Bedingungen seines Entstehens, die von den äußeren nachhaltig bestimmt werden. Kinderprogramm wird in aller Regel von Erwachsenen gemacht. Und Fernsehanstalten sind im allgemeinen konzentrierte Spiegelbilder der jeweiligen Erwachsenengesellschaft. Zugespitzt formuliert: In Anstalten von Er-

wachsenen sind die Erwachsenen, die Kinder- und Jugendprogramm machen, oft in der Rolle der Kinder in einer Gesellschaft von Erwachsenen. Anders formuliert: Dem Kinder- und Jugendprogramm geht es oft wie Kindern unter Erwachsenen.
Ein paar Beispiele:

1. Zahlenmäßig, nach Sendeminuten und Produktionsmitteln, steht das Kinderprogramm von ARD und ZDF eigentlich nicht schlecht da. Aber Innovationen werden zunehmend schwieriger. Der inhaltliche und sachliche Legitimationsdruck wächst zusehends. In einer Zeit, in der die Erwachsenenprogramme mit weniger Geld auskommen müssen, wird es auch für das Kinder- und Jugendprogramm nicht leichter, zu begründen und verständlich zu machen, warum gerade es nicht eingeschränkt werden darf.
   Vielfach existiert in den Köpfen der Erwachsenen in den Anstalten die irrtümliche Auffassung, Kinderprogramm bedarf geringerer Anstrengungen, weil Kinder nebenbei behandelt werden können. Das Gegenteil ist der Fall.

2. Schwierig war und schwieriger wird, so scheint es, auch der Kampf um die Sendeplätze. Nicht nur aus Notwendigkeit, sondern auch aufgrund von Entscheidungen von Erwachsenen wird das Kinder- und Jugendprogramm auf Sendeplätze verlegt, an denen die, für die gesendet wird, allein schon vom Tagesablauf her nicht in der Lage sind, das Angebot wahrzunehmen. Sendeplatz und Sehbereitschaft sind asynchron.

3. In vielen der Erwachsenensendungen wird auf Kinder und Jugendliche zu wenig Rücksicht genommen von denen, die sie machen oder dafür verantwortlich sind. Gleichwohl gehören Kinder und Jugendliche aufgrund des gewandelten Tagesablaufs zu den Konsumenten solcher Sendungen.

4. Zu den inneren Kontexten gehört auch die Feststellung, daß die beiden öffentlich-rechtlichen Systeme von ARD und ZDF noch nicht ausreichend wahrgenommen haben, daß sie weniger gegeneinander als miteinander konkurrieren müssen – gegen andere Konkurrenten.
   Mit diesen sehr grundsätzlichen Markierungspunkten zur inneren Situation möchte ich es bewenden lassen.
   Fazit: Insgesamt in etwa und an einigen Punkten präzise entsprechen die äußeren Bedingungen den inneren. Kinder- und Jugendprogramme stehen – von Ausnahmen abgesehen – im Windschatten der Erwachsenenprogramme, weil Kinder und Jugendliche im Windschatten des Interesses von Erwachsenen stehen.

Aufgaben

Aus Beobachtung, Erfahrung, Feststellung und Analyse ergeben sich Aufgaben. Sie müssen entsprechend den inneren und äußeren Bedingungen gewichtet werden. Einige wären zu nennen.

1. Öffentlich-rechtliches Kinder-, Jugend- und Familien-

programm muß viele Zuschauer erreichen wollen. Aber nicht um jeden Preis. Insofern sind Einschaltquoten für uns nur *ein* Kriterium unter anderen Kriterien.

2. Öffentlich-rechtliches Kinder- und Jugendprogramm muß Kinder und Jugendliche als Menschen eigenen Rechts vor Augen haben. Nicht nur als Konsumenten in einer Konsumgesellschaft.

3. Öffentlich-rechtliches Kinder- und Jugendprogramm hat in einer Zeit schwindender Primärerfahrungen bei Kindern und Jugendlichen die Aufgabe, mit vielfältigen Programmformen auf Felder zu verweisen, in denen Primärerfahrungen möglich sind. Es hat Wege zu ihnen zu eröffnen. Ersetzen kann sie diese lebenswichtigen Erfahrungen nicht.

4. Öffentlich-rechtliches Kinder- und Jugendprogramm muß seinen Zuschauern ein Angebot machen, das ihnen hilft, in ihrer Entwicklung voranzukommen. Nach Lage der Kinder und Jugendlichen in unserer Gesellschaft muß es Partei für sie ergreifen, sich auf ihre Seite stellen, sie beschützen, helfen vor funktionalen, rein materiellen und instrumentellen Zugriffen. Es muß ihnen leben helfen.

5. Öffentlich-rechtliches Kinder- und Jugendprogramm braucht mindestens ebensoviel, wenn nicht mehr Geld und Produktionsmittel wie das Erwachsenenprogramm.

6. Öffentlich-rechtliches Kinder- und Jugendprogramm gehört nach Lage der Dinge auch ins Hauptprogramm, um die immer mehr dort anwesenden Kinder zu erreichen oder den Erwachsenen Nachrichten aus der Welt der Kinder und Jugendlichen zu vermitteln und zu überbringen, die angesichts des Wirklichkeitsverlustes in Sachen Kindheit und Jugend für die Erwachsenen lebenswichtig sind.

7. Öffentlich-rechtliches Kinder- und Jugendprogramm kann bei allen Anstrengungen, die ihm abverlangt sind, die Leistungen nicht ersetzen, die anderen abverlangt sind, wie Eltern, Lehrern, Pfarrern, Beratern, Kindergärten, Schulen.
In den Reden vieler Politiker, vieler Verbandsvertreter, in den Hirtenbriefen vieler Bischöfe, in den Predigten vieler Pfarrer, in den Klagen vieler Eltern scheint oft eine Meinung durch, wird ein Verständnis des Fernsehens und seines Auftrags für die Familie sichtbar, das mehr als fadenscheinig ist. Man verlangt von der Institution Fernsehen, daß sie etwas leistet, was viele Familien nicht, was Parteien nicht und Verbände auch nicht, auch Kirchengemeinden nicht mehr, ausreichend zu leisten imstande sind: nämlich durch praktische Arbeit der Familie als einer unverzichtbaren privaten und öffentlichen Erscheinung des menschlichen Lebens auf die Beine zu helfen oder dort, wo sie leidlich auf den Beinen steht, sie lebendig zu erhalten. Das können wir nicht allein. Wir können es nur mit anderen zusammen.

Konsequenzen

1. Kinder und Fernsehen sich selbst zu überlassen ist grausam

Auch die Kulturtechnik »sehen« muß gelernt sein. Dazu brauchen Kinder – gerade im Vorschulalter – Hilfe. Die Familien allein sind dabei überfordert. Schon deswegen, weil zwei Drittel der Familien nicht mehr dem Idealtyp der Fernsehfamilie entsprechen. Kinder wachsen in einer Gesellschaft von Erwachsenen auf, die kein wirkliches Interesse an Kindern hat. Zugleich haben die Medienangebote drastisch zugenommen, die sich um die Bedürfnisse der Kinder nicht kümmern. Insbesondere die Privaten nehmen gegenwärtig diese Verantwortung nicht wahr.

2. Kinder haben einen Anspruch auf mediale Grundversorgung wie Erwachsene auch

Dieser Anspruch auf Grundversorgung gibt den Öffentlich-Rechtlichen eine besondere Verantwortung. Sie können nicht die Versäumnisse der Medienpolitik oder der Privatveranstalter kompensieren, aber sie müssen die Bedürfnisse der Kinder in einer durch Medien geprägten Welt ernst nehmen und in ihrem Angebot berücksichtigen. Kinder brauchen Information, Spaß und Unterhaltung.

3. Das Kinderprogramm muß sich der Welt der Kinder stellen und ihnen helfen, sich die Welt zu erschließen

Die Programm-Macher sind deshalb verpflichtet, mit denen zusammenzuarbeiten, die täglich mit Kindern umgehen: Erziehern, Lehrern, Eltern und mit den Kindern selbst. Die Programm-Macher müssen die Gesellschaft und ihre wissenschaftliche Interpretation kennen. Auch Kinder brauchen Träume, doch ihre Ängste, Aggressionen und Konflikte dürfen im Programm nicht zugedeckt werden.

4. Alle Fernsehverantwortlichen tragen angesichts der verschärften Konkurrenz auf dem Medienmarkt eine besondere Verantwortung für das Kinderprogramm

Alle Fernsehverantwortlichen dürfen sich weder hinter starren Programmschemata noch hinter anderen Sachzwängen verschanzen. Kinder halten sich nicht an das, was ihnen verordnet wird, auch nicht im Programm. Sie haben ein Recht darauf, auch in der Gestaltung des Hauptabendprogramms berücksichtigt zu werden. Es ist nicht länger zu verantworten, sie dem Werberahmenprogramm auszusetzen und ihnen Ghettos einzuräumen zu Zeiten, wenn sie nicht fernsehen. Neben Strukturveränderungen geht es auch um die Bereitstellung von entsprechenden Mitteln für ein qualitativ hochwertiges Kinderprogramm. Die Fernseh-Zuschauerforschung ist so auszustatten, daß sowohl Familienstrukturen als auch die Sehsituation der Kinder erhoben und in Beziehung gebracht werden können. Dazu sind neue Formen quantitativ-qualitativer Forschung zum Thema Kinder und Medien überfällig. Notwendig sind verläßliche und verständliche Informationen über die Kinderprogramme und selbstverständlicher Zugang zu ihnen. Die Sendeanstalten sind zu verpflichten, die nichtgewerblichen Nutzungsrechte bereitzustellen.

5. Erzieher, Lehrer, Eltern können ihre Verantwortung nicht auf das Medium Fernsehen und seine Macher abwälzen

Ganz ähnlich wie die Kinder sind auch die für sie verantwortlichen Erwachsenen auf das Erlernen des souveränen Umgangs mit den Medien angewiesen. Die Zusammenarbeit zwischen Medienpädagogik und Sendeanstalten muß dringend intensiviert und institutionalisiert werden. Aus- und Fortbildung der Erzieher und Lehrer sowie Angebote in der Erwachsenenbildung müssen den Erfordernissen der mediatisierten Welt gerecht werden. Die pädagogischen Institutionen brauchen die entsprechende Personal- und Sachausstattung. Medienerziehung ist in den vorschulischen und Schulunterricht sowie in die entsprechenden Ausbildungsgänge zu integrieren.

6. Medienpolitik bleibt Heuchelei, wenn sie keine praktischen – auch medienpädagogischen – Konsequenzen zieht

Die Medienpolitiker sind nicht aus der Verantwortung für die aktuelle Medienentwicklung zu entlassen. Zum Beispiel ist die Medienpädagogik endlich entsprechend der Explosion der Programme auszubauen und auszustatten. Viele einzelne Modellprojekte – meist zeitlich und finanziell beschränkt – haben längst gezeigt, daß eine dauerhafte medienbegleitende Arbeit dringlich und möglich ist. Die Etats sind darauf auszurichten.

7. Kinder und ihre Programme brauchen Öffentlichkeit

Die Sendeanstalten müssen ihre Öffentlichkeitsarbeit für

Kinderprogramme verstärken. Auch Zeitungen und Zeitschriften tragen eine Mitverantwortung. Sie haben für kompetente und kritische Begleitung der Programme für Kinder zu sorgen.

Lassen Sie mich schließen mit einem Text, den ich vor Jahren in einem Rundbrief der CAJ (Christliche Arbeiterjugend) fand. Er stammt von einem Vierzehnjährigen und ist in der Form eines offenen Briefes an die Erwachsenen geschrieben:

»Ihr habt uns keinen Weg gewiesen, der Sinn hat,
weil ihr selber den Weg nicht kennt und versäumt habt,
ihn zu suchen – weil ihr schwach seid . . .
Wir sind halb-stark, und unsere Seelen sind halb so
alt wie wir.
Und machen Radau, weil wir nicht weinen wollen – nach
all den Dingen, die ihr uns nicht gelehrt habt.
Wir können rechnen und lesen.
Und man wies uns an, die Staubgefäße der Buschwind-
röschen zu zählen.
Wir wissen, wie Füchse leben,
und kennen den Bau von Ackerschachtelhalmen.
Wir haben gelernt, still zu sitzen und den Finger zu
heben, und vom Fuchs und Buschwindröschen zu erzäh-
len.
Aber in der Stadt gibt es keine Füchse
und keine Buschwindröschen.
Und wie man dem Leben begegnet,
habt ihr uns nicht gelehrt.«

Am Lehr- und Lernauftrag »Leben« muß öffentlich-rechtliches Kinder-, Jugend- und Familienprogramm größtes Interesse haben.
Und noch einmal: mit anderen Interessenten zusammen. Dann braucht es keine Konkurrenz zu fürchten, weil es die Sympathie jener hat, die leben wollen – und die ein Recht darauf haben.

Lutz Neitzert

Störkraft – Volkszorn – Oistar Proper

Die rechtsextremistische Musikszene

Zum ersten Mal richtet sich heute eine Jugendbewegung nicht zuerst gegen die Autoritäten, die Machthaber, sondern gegen Schwache, gegen Ohnmächtige!
Und zum ersten Mal formiert sich eine Jugendbewegung als die Speerspitze der Stammtische!
(Noch vor wenigen Jahren wäre allein die Vorstellung doch wohl reichlich absurd erschienen.)

Wie jede jugendliche Subkultur, so hat sich auch die rechtsextremistische Szene ihre eigene Musiksprache geschaffen als ein Medium sowohl der (internen) Selbstverständigung als auch der (externen) Abgrenzung. Eine Musik von Gleichgesinnten für Gleichgesinnte.

»Trojan« hieß eine (1968 gegründete) britische Schallplattenfirma, die Ende der 60er/Anfang der 70er Jahre den

Musikgeschmack der damals in London aufkommenden ersten Skinhead-Bewegung bediente. Auf ihrem Programm standen dabei in erster Linie Ska- und Reggae-Klänge aus Jamaika, die damals von jungen Einwanderern aus der Karibik nach England importiert wurden (als bekanntester Name Desmond Dekker). Verschmolzen mit Idiomen des klassischen angloamerikanischen Rock entstand so bald schon der gemeinsame Sound einer multikulturellen Jugendszene, in welche sich auch die frühen Skins integriert hatten.

»(Es) machte uns . . . immer wieder bei Lesereisen durchs neue Deutschland der Wendezeit Spaß, ›Nazi-Skins‹ zu erklären, daß ihre Lieblingsband ›The Specials‹ oder Laurel Aitken Schwarze sind und deshalb kaum eingeschriebene Mitglieder des ›British Movement!‹ « (Farin/Seidel-Pielen, S. 116)

Vor allem die Ska-Musik erschien vielen Jugendlichen damals als ein neuer, unverbrauchter, authentischer und d. h. in erster Linie als ein von der Musikindustrie noch nicht korrumpierter Stil. Eine Form musikalischen Ausdrucks, die sich wesentlich abhob von den immer pompöser, überladenen Produkten der kommerziellen Popkultur. (Die musikalisch erklärten Feindbilder hießen »Yes«, »Genesis« oder auch »Emerson, Lake & Palmer«.) Man suchte wieder nach einer einfacheren, handfesteren, unmanierierteren Art von Jugendmusik. Vor allem sollte sie tanzbarer sein als jene eher kontemplativen und anspruchsvollen Zuhörkompositionen, die damals unter dem Etikett »Adult ori-

ented Rock« (»Rock für Erwachsene« also) die Regale der etablierten Plattenläden und die Programme der Radiosender füllten.
George Marshall, ein englischer Chronist der Skinhead-Bewegung, schrieb in seinem Buch »Spirit of '69«: »(Es war ein) Sound von der Straße. Zum ersten Mal waren die Leute, die auf der Bühne standen, vom selben Schlag wie die, die sich das Konzert ansahen ... (S. 107) Die Musikpresse und die Radiostationen leisteten sehr wenig Unterstützung, man verachtete (es) als ›roh‹ und ›primitiv‹ [...], als ›Halbstarken-Musik‹ « (S. 20)!
(Und ganz sicher ist auch heute wieder – jenseits des Politisch-Ideologischen – die Skinmusik nicht zuletzt ein Ausdruck des Protestes gegen den disneyland-kompatiblen Plastik-Pop eines Michael Jackson.)
Erklärtermaßen als eine Gegenwelt zur Welt (und Vorstellungswelt) der Hippies und der bewegten Studenten – in denen man nichts weiter sah als wohlsituierte Mittelstandssprößlinge, die nur so lange revoltierten, »bis ihnen Papi einen Job in einem Büro besorgt hatte, bei dem sie locker zehn Riesen verdienen konnten« (Marshall, S. 7) – setzte man einen demonstrativ bis zur Karikatur überzeichneten Working-Class-Kult: klobige Doc-Martens-Arbeitsstiefel, die Donkey Jacket der Londoner Docker, Hosenträger, Tattoos und grobe Arbeitshosen. Breite Karos gegen psychedelische Batik und Bier gegen Marihuana.
»1968/69 war nicht abzusehen, daß Skinheads einmal als das Symbol für rassistische Gewalt gehandelt werden sollten. Wie denn auch. Der Skinheadkult ist eine [...] multikulturelle Synthese. Er orientiert sich an den jamaikani-

schen ›Rude Boy-Gangs‹, die nicht nur die richtige Musik hörten, sondern auch den Ruf hatten, besonders cool und hart zu sein.

Die ›Rude Boys‹ trugen einen extremen Kurzhaarschnitt und häufig Levis Jeans, die hochgekrempelt wurden. Das alles war ganz nach dem Geschmack der weißen Jugendlichen.« (Farin/Seidel-Pielen, S. 32)

(Und bis heute hat sich innerhalb der Subkultur der Kahlköpfe eine Fraktion erhalten, die sich ausdrücklich noch auf ihre eigentlichen Wurzeln bezieht. »Redskins« nennen sie sich oder auch »S.H.A.R.P.-Skins«/Skin-Heads against racial Prejudice/Skin-Heads gegen rassistische Vorurteile.)

Aufgetaucht sind die »Glatzen« als unübersehbarer Teil der Jugendszene also zu einer Zeit, in der die sozialen Spannungen noch weit geringer gewesen sind als heute.

Nach diesem weitgehend unpolitischen Vorspiel etablierte sich dann in den sozial und ökonomisch spannungsreicheren Lebenswelten der ausgehenden 70er Jahre – erneut in London – eine zweite und nun eindeutig auch politisch motivierte Skingeneration. Als Parallel- und bald schon Gegenbewegung des eher linksgerichteten Punk entstand hier zum ersten Mal eine Jugendsubkultur am rechten Rand des ideologischen Spektrums. Gewaltbereiter im Habitus, spielte man in dieser Szene nun auch eine ungleich härtere Musik.

Hatten die »Trojan-Skins« eine Synthese kreiert aus Karibik-Sound und Stilelementen aus Rock'n' Roll, Rhythm & Blues bzw. Soul, so lud man nun den Ska-Beat auf mit den

Energien des Hardrock und dann in den 80er Jahren, noch einmal exzessiver, mit der gewalttätigen Aggressivität des Heavymetal.
Ausgerechnet dieser ihrem Ursprung und ihrem Wesen nach internationalen Musiksprache (Schwarz bis auf den Grund!) unterlegten jetzt die sogenannten »White Power-Skins« ihre unverhohlen rassistischen Texte.
»Oi« nannte man diesen Stil, und schon hinter der Bezeichnung verbirgt sich eine politisch die Richtung weisende Bedeutung: Um 1980 erschien ein Skinmusiksampler unter dem Titel »Strength thru Oi«, durchaus ganz bewußt angelehnt an das alte Nazimotto »Strength through Joy / Kraft durch Freude« (abgebildet auf dem Cover fand sich zudem das Foto eines einschlägig bekannten englischen Neofaschisten).
Immer tiefer geriet die Skinbewegung von da an in den Dunstkreis rechtsextremistischer Organisationen im Umfeld des »British Movement« und der »National Front« (die übrigens mit »White Noise« auch das erste genuine Oi-Musik-Label gründete).
Vor allem eine Band ist seither musikalisch und weltanschaulich Wortführer und erklärtes Vorbild der Szene: »Skrewdriver« – seit ihrer Gründung 1977 agierte vor allem der Kopf der Gruppe, Ian Stuart-Donaldson, bis zu seinem Tod im Herbst 93 überall in Europa als Propagandist und Initiator rechtsradikaler Aktionen. »Hail Victory«, »White Rider« und»Warlord«, so heißen ihre Platten, und 1986 rief man (zusammen mit ebenjenem Nicky Crane, dessen Konterfei das oben erwähnte »Strengh thru Oi«-Album geschmückt hatte) das »Blood & Honour-Movement« ins

Leben, dem heute nationalistische Bands in über 20 Ländern angehören.
Kein Gesellschaftssystem (und kein Erziehungsideal) hat die Aufkunft dieser rechten Jugendszene verhindern können! Neofaschistische Rocker gibt es mittlerweile in den USA ebenso wie in Brasilien, in Australien ebenso wie in Japan, in Österreich ebenso wie in der Schweiz, in Frankreich, Italien, Spanien, Tschechien, Polen, Ungarn, Norwegen oder der Türkei. Selbst in Schweden nennt sich eine Gruppe ausgerechnet nach dem berüchtigten deutschen SS-Schergen und KZ-Aufseher »Dirlewanger«.
Und – um ruhig einmal den Teufel an die Wand zu malen – auch im Vorkriegsjugoslawien waren es nicht zuletzt chauvinistische Skinbands, die damit begannen, wieder von »Groß-Serbien« und von der ethnischen Reinheit zu schwadronieren, die solche längst überwunden geglaubten Wahnideen unter Jugendlichen wieder diskutabel werden ließen, in Brandreden, aus denen, wie wir wissen, blutigster Ernst geworden ist.
Und in Rußland, da treibt sich, gewiß nicht ohne Grund, ausgerechnet Wladimir Schirinowski immer wieder medienwirksam im Umfeld der rechten Musikszene herum.
Nicht wie ehedem Avantgardisten tummeln sich also heute in dieser Subkultur, sondern, bezeichnenderweise, agitierende Populisten!
In Deutschland faßte die Skinbewegung Anfang der 80er Jahre zunächst im Umfeld der Fußballhooligan-Szene Fuß. Wobei in der DDR allerdings (anders als in der alten BRD) schon früh durchaus auch die intendierte politische Ausrichtung aufgenommen und übernommen worden ist – vor

allem das bereits erwähnte »Blood & Honour-Movement« und, damit verbunden, die Aktion »Rock against Communism« fanden von Dresden bis Rostock einige Resonanz. Hierzulande gibt es mittlerweile mindestens 100 bekanntere Skinhead- und Faschobands – mit solchen Namen wie: AUFRUHR / BODY CHECKS / BÖHSE ONKELZ / BOMBER / BRUTALE HAIE / COTZBROCKEN / COMMANDO PERNOD / EDWINS / ELITETERROR / ENDSIEG / ENDSTUFE / FREIKORPS / KAHLKOPF / KAHLSCHLAG / KETTENHUND / KRAFT DURCH FROIDE / KRAFTSCHLAG / KROIZFOIR / LANDSER / LEGION CONDOR / MACHT & EHRE / MÄRTYRER / NOIE RASSE / NOIE WERTE / NULL-ACHT-FÜNFZEHN / OFFENSIVE / OI DRAMZ / OISTAR PROPER / OITHANASIE / RADIKAHL / RHEINWACHT / SPERRZONE / STANDARTE / STÖRKRAFT / STUKA / STURMTRUPP / TONSTÖRUNG / TRIEBTÄTER / VOLKSTROIE / VOLKSZORN / WERWOLF / WOTAN (. . .)

(Ob die mehr oder weniger glaubhaften Abwiegelungsversuche und Sinneswandelbeteuerungen von Gruppen wie »Böhse Onkelz« oder »Störkraft« tatsächlich ihre Ursache in individuellen Denkprozessen haben oder aber eher karrieretaktischen bzw. strafrechtlichen Hintergrund, ist schwer zu entscheiden. Mißtrauisch jedenfalls machen neuere Texte etwa von »Störkraft«, wo es nun heißt: »Reden ist Silber, Schweigen ist Gold, bedenkt, was ihr sagt . . .!«)

Unter den Plattenfirmen und Versandunternehmen, welche die Machwerke des Fascho-Rock vertreiben, finden sich solche, die eindeutig auch politisch rechtsextremistisch ausgerichtet sind, neben solchen, die (wie etwa »Rock-o-Rama«) – noch in der gemeinsamen Frühzeit von

Oi und Punk gegründet – sowohl rechtsradikale als auch linke Bands in ihrem Programm haben.

DISRESPECT RECORDS / DIM RECORDS / DORFMUSIK / ENDSIEG VERLAG / FUNNY SOUNDS & VISION / MUSIC ENTERPRISES (TANIT VERLAG) / QUERSCHLÄGER VERSAND / ROCK-O-RAMA (ISV VERSAND) / SKULL RECORDS (TURBOMUSIC VERSAND) / WALZWERK (...)

Zunächst wurde in den 80er Jahren Herbert Egoldt mit seiner Plattenfirma »Rock-o-Rama« (Brühl/Köln) zum rührigsten Verbreiter der rechten Rockmusik. Symptomatisch für die Entwicklung der Szene in den letzten Jahren jedoch ist eine Figur wie Torsten Lemmer, der heute den größten Teil der Produktion kontrolliert: Exrepublikaner, dann Abgeordneter einer Freien Wählergemeinschaft im Stadtparlament Düsseldorf, profilierte er sich vor allem als Manager der Gruppe »Störkraft« und umtriebiger rechter Jungunternehmer. In der von ihm zusammen mit Manfred Rouhs (auch er seines Zeichens Exparlamentarier der »Deutschen Liga für Volk und Heimat« in Köln) herausgegebenen Postille »Europa vorn« beliefert er die Intellektuellenzirkel mit wohlgesetzten Artikeln und Pamphleten von Autoren der sogenannten »Neuen Rechten« und betreibt daneben ganz selbstverständlich auch Promotion für seine diversen tümelnden Musikanten. Mit seinen Firmen »Dorfmusik« und »Funny Sounds & Vision« versuchte er immer häufiger und konsequenter über die Skinheadszene hinaus Einfluß auch auf andere Sparten der Jugendmusik zu gewinnen – sein Hauptaugenmerk richtete sich dabei zuletzt auf die (massenbewegende) Techno-Szene (mit welchem Erfolg, das bleibt abzuwarten). Überhaupt bemüht er sich in seinen Produktionen verstärkt um dezentere Tonlagen und sucht nach unverdächtigeren Einstiegen.

In seinem Ende 94 erschienenen Buch (»Skinhead-Rock«), einer Art Strategiepapier, schreibt Lemmer: »(Man könnte) sich vorstellen, daß z. B. auch eine gezielte Werbeanzeige in ... Sportfachblättern mit ... hoher Auflage ein neues Publikum ansprechen würde. Gezielt wäre dies möglich, wenn beispielsweise eine ... Musikgruppe einen Tonträger mit Texten zu einem bestimmten Sportereignis wie der Fußballweltmeisterschaft herausbringt. Dieser Versuch wäre es wert, denn hier besteht nicht der direkte Verdacht, mit rechtem Gedankengut in Verbindung gebracht zu werden ... (Auch könnte man Musiken als Soundtracks für Videospiele) Computerfirmen vorschlagen, die nicht unbedingt firm in dem sind, was Rechtsrock ist [...], (um so) bei den Computerfreaks einen Durchbruch zu erzielen, denn in dem Begleitheft wird selbstverständlich auch der Musiker erwähnt, der für die musikalische Untermalung verantwortlich zeichnet. Da es sich um Instrumentalstücke handelt, wäre hier zumindest ein Einstieg in die etablierte Musikwelt erreicht.«

Statt skrupelloser Geschäftemacher vom Schlage eines Egoldt haben jetzt jungdynamische Politikaktivisten die Geschäftsführung übernommen!

Neben den bereits genannten einschlägigen Kleinlabels wird rechte Rockmusik heute vielfach in Form von Kassetten (dabei auch viele Konzertmitschnitte) verbreitet. Nicht zuletzt eine Folge der Ende 1992 verstärkt einsetzenden strafrechtlichen Ahndung bzw. Indizierung. (Während

»linke« Punk-Musik seit je einer fast lückenlosen Kontrolle unterlag, wurde vor 1992 – d. h. vor Hoyerswerda, Rostock, Mölln und Solingen – erst eine einzige Platte mit rechtsextremistischer Rockmusik auf den Index der Bundesprüfstelle für jugendgefährdende Schriften gesetzt: 1986 die LP »Der nette Mann« der Gruppe »Böhse Onkelz« – wobei anzumerken ist, als Beleg für die unvermeidliche Ambivalenz solcher Maßnahmen, daß die Karriere dieser Band erst durch die Indizierung – und die damit zwangsläufig einhergehende Bekanntmachung – den entscheidenden Schub erhielt; als Folge der wachsenden Popularität unter rechten Jugendlichen winkte ihnen, wie man weiß, am Ende gar ein Exklusivvertrag der renommierten Plattenfirma »Bellaphon«.) Von Hand zu Hand weitergegeben und kopiert, erreichen die Songs dabei durchaus sehr hohe Auflagen (die Titel der bekannteren Bands sind heute auf jedem Schulhof für jeden Jugendlichen ohne Mühe zu bekommen.)

Darüber hinaus existiert eine ganze Reihe begleitender Printmedien. In den ungezählten (oft nur kurzlebigen) Szene-Zeitschriften findet sich dabei eine ganz gefährliche Mischung aus Plattentips, Musikerinterviews, Veranstaltungshinweisen, Aktionsaufrufen, Kaufangeboten für Nazi-Devotionalien, Skinhead-Outfit und Fanartikeln, Werbung und Propaganda rechter Parteien, politisch-ideologischen Traktaten, Solidaritätsadressen für die (inhaftierten) »Märtyrer« der Bewegung neben juristischen Ratschlägen (wie man etwa ein Nazisymbol abzuändern hat, um dafür strafrechtlich nicht mehr belangt werden zu können).

Die meisten dilettantisch produzierten »Fanzines« firmieren unter Titeln wie:

AKTIVIST / ATTACKE / BLUT & EHRE / EINHEITSTÄRKESTOLZ / ENDSIEG / FORCE OF HATE / FRONTAL / HASS & GEWALT / HEIMATFRONT / DER KAMPF / KRAFT DURCH FROIDE / MIDGARD / MODERNE ZEITEN / NAHKAMPF / NORDWIND / PANZERFAUST / PROISSENS GLORIA / QUERSCHLÄGER / SCHLACHTRUF / SKINHEAD ERWACHE / VEREINTE KRÄFTE - NOIE WERTE / VOLKSTREUE / WEISSER REBELL (...)

»Ich stehe auf der Straße, hab meine Augen auf. Ich warte auf 'nen Türken, und dem hau ich eine drauf. Und wenn ich einmal dran bin, dann tret ich auch noch rein, ist ja nur ein Türke, ein altes Kümmelschwein ... Sitzt Du mal im Kino und kannst so viel nicht sehn, dann wird wohl ein Türke vor Deinen Augen stehn ... Siehst du einen Türken in einer Straßenbahn, schaut er Dich irgendwie provozierend an. Dann stehst Du einfach auf und haust ihm eine rein, Du ziehst Dein Messer und stichst siebzehnmal hinein ... Tötet ihre Kinder, schändet ihre Frauen, vernichtet ihre Rasse, und lehrt ihnen das Grauen [...] Steckt sie ins KZ ...!« (»Kanaken-Song«/als Urheber gilt die Gruppe »Endsieg«.)

Textstellen, welche die rechtsextremistische Gedankenwelt vieler Oi-Bands belegen, die braucht man nicht mühsam zu suchen, besteht ihr Repertoire doch fast ausnahmslos aus Songs mit rassistisch-gewaltverherrlichenden Inhalten (selbst noch im Liebeslied redet man über solche Dinge wie »Rassenhygiene« oder »Blutschande«).

Im Gegensatz zum oftmals als Pendant herangezogenen Heavymetal, der in seinen Songs das Schauerliche zumeist irgendwo auf dem »Highway to Hell«, irgendwo in nebulösen Fantasien sich ereignen läßt, sind die Texte der Fascho-Bands geprägt von einem fatalen »Realismus«. Vermeintlich objektiven Schilderungen von (negativen Alltagserfahrungen werden schlagwortartig Versatzstücke aus dem bekannten Vokabular faschistischer und rassistischer Ideologien handlungsleitend und zur Handlungslegitimation entgegengesetzt.

Das gerade bei Rockmusik häufig gehörte (und gewiß nicht immer irrelevante) Argument, daß die Textaussage, hinter der Musik verschwindend, eigentlich überhaupt nicht aufgenommen wird, trifft für den Fascho-Rock sicherlich nicht zu. Seine Liedtexte repetieren Parolen, die jeder seiner Hörer per se bereits kennt und die jedem unmittelbar eingehen.

Schaut man sich daraufhin die Inhalte der Lieder aus dem Hause Lemmer & Konsorten einmal näher an, so findet man dort das ganze Sortiment wohlfeiler Feindbilder: Fremde, Linke, Obdachlose, Behinderte, Intellektuelle, Homosexuelle, Feministinnen, Punks u. s. f. – und das in einer Sprache, die auf entlarvende Weise Nazi-Slogans verquickt mit jenen (Un-)Worten, die von Politikern und Journalisten im Kontext der Einwanderungsdebatte in die (Medien-)Welt gesetzt worden sind (»Scheinasylant«, »Das Boot ist voll« . . .).

Und die Protagonisten der gerechten Sache reklamieren für sich dann den altbekannten Katalog »deutscher« Tugenden:

Sekundärtugenden wie Ordnungssinn und Sauberkeit (eine Band nennt sich vielsagend »Oistar Proper«, und

»Störkraft« sieht sich in einem Song als »Die Kraft, die Deutschland sauber macht«), Tapferkeit (im Sinne eines soldatischen Heroismus), Solidarität (im Sinne eines skrupellosen Gruppenegoismus), Pflichtbewußtsein und (Untertanen-)Treue werden (wie in der faschistischen Tradition immer geschehen) zu Primärtugenden aufgewertet. (Dagegen scheint die in Zukunft wohl bedeutsamste Tugend, die der Kommunikationsbereitschaft / -fähigkeit – ja, der sprachliche Diskurs an sich –, bei erschreckend vielen Jugendlichen per se in Mißkredit geraten zu sein!)
Es ist in diesem Zusammenhang interessant zu beobachten, daß im Versuch einer Wiederbelebung faschistischer Ideen hier weniger der Aspekt des Führerprinzips propagiert wird (obgleich auch dies natürlich durchaus geschieht), als vielmehr im Vordergrund steht die Illusion von der Macht der in Bewegung gesetzten Masse.
Und eben hier nun stellt sich meines Erachtens die Gretchenfrage in allen Erklärungsversuchen angesichts des Phänomens einer rechten Jugendkultur: Wie weit tragen heute noch jene Deutungsmuster der Jugendforschung, die seit den Zeiten des Rock 'n' Roll konzipiert wurden? Die darin erkenntnisleitende These lautete: Subkulturen haben seit eh und je provoziert durch – gewissermaßen bloß strategischen – Tabubruch. Sie meinen das alles ja im Grunde gar nicht *so!* Bis zu einem gewissen Punkt ist sicherlich auch das Gehabe, das Outfit und der Jargon einer Gruppe wie der Skinheads der 90er als exzessiver Versuch der Abgrenzung zu interpretieren – und unsere reizüberflutete Lebenswelt macht es eben geradezu unumgänglich, möglichst plakative und überzogen aggressive Mittel der

Selbstpräsentation zu wählen, will man hier wirklich noch auffallen. Doch es stellen sich darüber hinaus grundlegend neue Fragen deshalb, weil die alten Spielregeln des Generationenkonfliktes in der aktuellen Situation auf bezeichnende Weise durchbrochen werden – und eben dadurch erwächst der rechtsextremistischen Jugendgewalt eine ganz neue, bedrohliche Dimension.
Ist denn heute (einmal abgesehen vom allzu distanzlosen Hantieren mit Nazi-Symbolik) etwa das Einfordern von autoritären Strukturen bzw. das offensive Postulat von Ungleichheitsideen und sozialdarwinistischen Positionen tatsächlich noch tabu in unserer Gesellschaft? In gleichem Maße, wie die emanzipatorischen und libertinären Zumutungen früherer Jugendbewegungen es waren? Oder hat der Politologe Claus Leggewie nicht recht, wenn er schreibt: »›Konforme Rebellen‹ nennen wir sie, weil sie sich nicht avantgardistisch vom Werterepertoire des Mainstreams abheben, sondern seine Geltung wieder mit Macht herbeiführen wollen – gegen die multikulturelle Unübersichtlichkeit und die sozialen Anomien einer kraftlos gewordenen Konsumgesellschaft. Selbst die scheinbar so abstoßende und ausgestoßene Subkultur der Skinheads [. . .] verkörpert diese Paradoxie konformen Rebellentums. Sosehr sie sich in Erscheinung, Habitus und Aktion von den ›Spießern‹ unterscheiden, so sehr verteidigen sie als ›Randgruppe mit Stolz‹ [. . .] deutsche Normalität gegen alle von außen kommenden Devianzen [. . .] (Die) ›kleinen Leute‹ und ›ehrlichen deutschen Arbeitnehmer‹ [. . .], (jenes bedrohte) Milieu, das sie wieder in die Mitte der in ihren Augen übermäßig pädagogisier-

ten und intellektualisierten Gesellschaft rücken möchten [. . .] Deren Ethos Leistung, Disziplin, Nation – haben sie verinnerlicht und verteidigen es gegen die Alternativkultur der Werteumstürzer, die [. . .] am authentischsten durch die ›grüne Lehrerin‹ verkörpert und durch den soldatischen Großvater konterkariert wird!« (Kursbuch Nr. 113, S. 35)

Daß die Enkel Sympathien hegen für die Großeltern (als die quasi natürlichen Verbündeten gegen die Elterngeneration), das ist eine Binsenweisheit. Heute aber bedeutet dies eben auch, daß die junge Generation (gerade in Deutschland) damit zugleich tendenziell einer Weltsicht zuneigt, die sich letztlich in der Diktatur des Dritten Reiches manifestierte.

»Die Plattencover der Nazi-Rock-Bands sind alles andere als Ausdruck von Jugend – wie wir sie kennen [. . .] zumeist bestimmt sortenreine Weltkriegsromantik die Optik. Helden breitbeinig [. . .] unter Kriegsdenkmälern, vor berchtesgadenlike Kulisse. Dazu Stahlhelme, Kampfflugzeuge, Reichskriegsflaggen, jede Menge [. . .] Nostalgiezeug, nur und nur der Großväter Zeichen!« (Annas/Christoph, S. 82)

»In mir drin, da tut es weh, wenn ich heut so um mich seh. Ausländer, Aussiedler und Asylanten, selten trifft man noch einen Bekannten. Soll das denn so weitergehn? Ich kann die Politiker nicht verstehn!« (»Werwolf«)

Noch 1987 hatte sich die Rockmusikzeitschrift »Spex« über jene Ewigbesorgten mokiert, die einen Popanz »Fascho-Rocker« aufbauten – fünf Jahre später dann, im November 1992, titelte man selbst »The Kids are not alright«: »[. . .] der

Neonazi-Underground, von dessen Existenz man in den Achtzigern wohl wußte, der einen aber aufgrund von Unter-vielem-anderen-gibt-es-auch-das-Irrelevanz nicht interessierte, beginnt plötzlich durch aktuelle Anlässe gestärkt aus seinem Schattendasein herauszutreten – wer hätte schon damit gerechnet, daß die ›Böhsen Onkelz‹ mal Platz 5 der LP-Charts erreichen würden!«
1992 gerieten die Medien (im Zusammenhang mit den Ereignissen von Hoyerswerda, Rostock, Mölln und Solingen) in große Aufregung ob eines unerhörten Phänomens: »Fascho-Rock«!
Berichte über die rechte Jugendmusik füllten die TV- und die Print-Magazine, der Schulfunk nahm sich des unbehaglichen Themas an, und in diversen Talkshows hatten »Störkraft«, Lemmer & Co. ihre Auftritte.
Doch schon nach ganz kurzer Zeit flaute das (ver)öffentlich(t)e Interesse merklich ab, und die Redakteure legten das Sujet schließlich als abgefeiert zur Seite und ad acta. Hatte man zuerst selbst noch die kleinsten Garagenbands in teilweise grotesker Überzeichnung zu Trendsettern hochgespielt (und den Gruppen dadurch natürlich unvermeidlicherweise auch einigen Popularitätszuwachs verschafft), so bedachte man in der Folge die weitere Entwicklung der Szene kaum noch mit der nötigen Aufmerksamkeit.
Daß man zuletzt also immer seltener in Presse, Funk und Fernsehen Berichte über die Rechtsrocker findet, das sollte man keinesfalls als ein Indiz dafür nehmen, die Sache hätte sich dann ja wohl erledigt, sondern vielmehr als ein Indiz für die Unfähigkeit unserer Medien, eine langfristig

virulente Gefahr angemessen abzubilden und publik zu halten!

LITERATUR
Farin/Seidel-Pielen: »Skinheads« (Beck'sche Reihe) (München 93)
Baacke (u. a.): »Rock von Rechts« (Medienpädagogische Handreichung 3 der GMK) (Bielefeld 94)
Bähr (u. a.): »Rockmusik und Rechtsextremismus« (Staatliche Landesbildungsstelle Hessen/AV 10) (Frankfurt 93)
Annas/Christoph: »Neue Soundtracks für den Volksempfänger« (ID-Archiv) (Berlin 93)
Marshall: »Spirit of 69« (Dunoon 93)
Schröder: »Rechte Kerle« (rororo) (Hamburg 92)
Wagner: »Handbuch Rechtsextremismus« (rororo) (Hamburg 94)
»Kursbuch Nr. 113«: »Deutsche Jugend« (93)

ACHIM BRÖGER

»Die Kids können doch gar nicht mehr zuhören!«

Ich bin oft mit Kindern und Jugendlichen zusammen. Ich lese für sie, erzähle, sie erzählen, sie befragen mich, ich befrage sie. Meistens sind das sehr lebhafte Gespräche. Manchmal so berührend, daß es mir warm und kalt den Rücken herunterläuft.

Unterwegs bin ich im gesamten deutschsprachigen Raum, also von der deutschen Schule in Dänemark, über Flensburg bis Südtirol, von Aachen bis Dresden. Ich bin in ländlichen Schulen, Bibliotheken, Horten, Buchhandlungen genauso wie in großstädtischen sozialen Brennpunkten. Erlebe an Schule alles, von der Sonderschule bis zum Gymnasium. Und ich muß das nicht tun. Es gibt nichts, was mich dazu zwingt. Wenn ich wollte, könnte ich am Schreibtisch sitzen bleiben.

Ich bin mit Kindern zusammen, weil ich es will, weil es mich reizt. Ich will ihre Reaktionen erleben und spüren. Obwohl das ja eigentlich gar nicht mehr funktionieren kann, so ein »normales« Zusammensein mit Kindern. Das höre ich auch immer wieder an meinem Schreibtisch. Ich nehme Sie / dich jetzt einfach mit ans Telefon. Hört mal rein, eben kommt ein Anruf.

»Guten Tag . . . hier ist das Kulturamt . . . Die Stadtbücherei hat uns gesagt, daß Sie Bücher für Kinder schreiben. Stimmt das?«

»Ja.«

»Sie sind also Herr . . . Moment . . . Herr Brö . . . ger.«

»Ja.«

»Machen Sie auch manchmal Veranstaltungen?«

»Na ja . . . manchmal . . . eher häufiger.«

»Ah ja, sehr schön. So richtige Aktionen mit Kindern also?«

»Aktionen? Ich lese vor. Spreche mit den Kindern, Jugendlichen und Erwachsenen über die Texte und über Themen, die sich daraus ergeben, zum Beispiel über den Umgang miteinander und über den Umgang mit Medien.«

(enttäuscht) »Ach so was. Also eine Lesung . . . Sie spielen nicht mit den Kindern?«

»Spielen?«

»Ja . . . so 'ne richtige Spielaktion?«

»Zu Hause spiele ich schon. Aber in den Veranstaltungen eigentlich nicht. Das heißt, höchstens, wenn sich's mal aus dem Stegreif ergibt.«

»Also . . . Sie spielen nicht mit den Kindern. Malen Sie mit ihnen? Oder malen Sie was für sie? Ich hab' gehört, das machen manche.«

»Nein, malen kann ich leider nicht.«
»Andere können das aber. Die machen sogar Musik dazu oder zaubern. Können Sie das?«
»Nein, auch nicht. Ich lese vor, erzähle und spreche mit den Kindern.«
»Ah, Mann, die Kids können doch gar nicht mehr zuhören. Die finden das doch garantiert öde.«
»Eigentlich nicht. So eine Lesung mit Gespräch und Fragen klappt oft sehr gut.«
»Aber die lesen doch gar nicht mehr, die Kids. Kommen die denn überhaupt zu so einer Veranstaltung?«
»Ja, häufig schon. Es hängt unter anderem davon ab, wie Sie dafür werben. Woher wissen Sie außerdem, daß Kinder nicht mehr lesen?«
»Das weiß man doch. Also, Herr Bröger, Sie malen nicht, zaubern nicht, machen keine Musik, spielen nicht.«
»Ja. Stimmt.«
»Wie lesen Sie denn überhaupt? So mit toller Betonung? ... So ... na ja ... wie 'n Schauspieler eben?«
»Nein, Schauspieler bin ich auch nicht. Außerdem ... betonen Schauspieler so sehr?«
»Hm ... und was kosten Sie?«
»Der Satz ist ... Aber eines vorab, ich bin in diesem Jahr völlig ausgebucht.«
»Ach ja? Bei dem Preis sind die Fahrt- und Hotelkosten drin?«
»Nein ... und Taxikosten kommen dazu.«
»Oh ... hm ... ach wissen Sie, ich überlege mir das noch mal und melde mich vielleicht in den nächsten Tagen wieder. Wiederhören.«

»Wiederhören.«
Nun sitze ich arg geknickt am Schreibtisch, Selbstbewußtsein . . . ade. Es hat gehört . . . mein Selbstbewußtsein . . . was ich alles können sollte, um bei Kindern anzukommen, um sie zu erreichen. Ich kann's nicht, und ich muß mich auf Geschichten verlassen, auf Sätze und Worte, muß mir und meinem Publikum das zumuten und zutrauen. Muß so versuchen, mein Publikum zu erreichen, zu unterhalten, zu berühren.
Ich lese für sie, wir sprechen miteinander, spielen Szenen, wenn sich das aus dem Zusammenhang ergibt. Oft spielen die Kinder übrigens umwerfend gut.
Ich sehe offene Gesichter. Ich sehe Kinder strahlen, lachen, ernst sein. Ich erlebe sie viel wissender, als wir Erwachsenen oft glauben, daß Kinder sind. Sie können hoch konzentriert sein, lange Zeit. Sie sind spielerisch und neugierig, fragen und fragen. Sie sind unkonventionell, absolut nicht langweilig. Und als Publikum und Mitmachende sind sie gefährlich, weil sie keine Langeweile durchgehen lassen. Sie reagieren völlig unverstellt, gähnen, sagen: »Pah . . . ist das öde«, wenn ihnen der Text so vorkommt. Sie zeigen Betroffenheit, sind absolut ruhig, so ruhig, daß das Sprechen sehr leise sein kann. Sie erzählen dann über ihre Berührtheit, erzählen von sich, von ihren Geschwistern, Eltern, von der Schule, vom Zusammenleben.
Sie lassen sich auch auf leise Töne ein. Und sie fragen und fragen.
Übrigens kann das in jeder Schulart sehr intensiv sein. Vielleicht habe ich meine überraschendsten Erfahrungen in

Sonderschulen gemacht, in kleinen Gruppen, mit engagierten Lehrern. Da kommt oft so viel an Interesse, Begeisterungsfähigkeit, Nähe. Und damit ich sie nicht vergesse, haben mir die Kinder einer Göttinger Sonderschule vor Jahren einen selbstgeformten und gebrannten sitzenden Ton-Dinosaurier geschenkt. Ich habe sie nicht vergessen, diese Kinder.
Kinder können eben noch eine sehr realistische Geschichte annehmen, danach eine phantasievolle. Das können sie, weil sie so auch im Alltag denken. Eben sitzen sie an den Matheschularbeiten, eine Minute später sind sie Löwe im Kinderzimmer und brüllen tierisch los.
Solche Tage mit Kindern sind anstrengend. Schön anstrengend. Sie berühren mich. Ich sagte das schon.
Aber nicht nur die Kinder reagieren bei solchen Veranstaltungen. Plötzlich werden Lehrer, Erzieher oder Eltern ganz aufmerksam, sind berührt, wenn ihre Kinder erzählen. Offensichtlich hören sie in sich hinein, die Erwachsenen. Dann erzählen sie von sich als Kinder, und da hören die heutigen Kinder sehr aufmerksam zu. Sie werden so aufmerksam, daß sie von ihren Sitzen aufstehen, um den erzählenden Erwachsenen besser zu sehen.
Es passiert, daß ein vierzigjähriger Lehrer von Kuscheltieren berichtet, die er früher hatte, und wann er die Kuscheltiere besonders brauchte. Er erzählt, daß er noch heute eines davon hat. Die Augen der Kinder waren riesengroß vor Aufmerksamkeit, und es war still.
Oder eine Lehrerin berichtete, aufgefordert durch eine Geschichte und was ihre Kinder dazu erzählten, daß sie sich mit sieben Jahren in einen Mitschüler verliebte und wie sie

ihm nah sein wollte und nicht wußte, wie stelle ich das an. Oder Eltern erzählen so etwas.
Dann habe ich den Eindruck, sie sind gar nicht so weit voneinander entfernt, die Kinder und die Erwachsenen. Und ich habe den Eindruck, die Kinder wollen zuhören, wenn man sie mit Geschichten, mit dem Erzählen berührt.

Gabriela Wenke

Selbstbestimmter Medienkonsum von Kindern?

Es ist schon eine ganze Weile her, da hatten die Pädagogen Angst vor der Lesesucht, vor bleichen Kindern, die, statt sich im Freien rote Backen zu holen, mit Ringen unter den Augen im Zimmer saßen, völlig isoliert von den anderen Kindern und ihren Spielen, und nur noch lasen, lasen, lasen.

Dieses frühe Beispiel pädagogischer Ängste vor einem Medium, dem Buch, rufe ich mir immer wieder ins Gedächtnis, wenn mich beim Lesen der vernichtenden Visionen einer durch die »Neuen Medien« zerstörten Kindheit – was heißt Kindheit – Kindheiten! – die Angst um all diese unschuldigen Kinderhirne befällt, die über Augen und Ohren und zunehmend auch den Tastsinn vom Medienwahn befallen werden.

Und statt in Panik zu verfallen, versuche ich, mir klarzumachen, wovor ich Angst habe und was ich tun kann, damit die Kinder von heute nicht medienverblödete Erwachsene von morgen werden.
Ich hoffe, ich darf euch duzen?! Da dies ein Buch und keine interaktive CD-ROM ist, habt ihr keine echte Möglichkeit, euch dagegen zu wehren. (Außer, ihr lest nicht weiter.) Ich stelle mir vor, daß ihr mindestens 12/13 Jahre alt seid, wenn ihr dieses Buch zur Hand nehmt. Also seid ihr einerseits aus dem Alter raus, in dem Erwachsene noch großen Einfluß auf euer tatsächliches Verhalten im allgemeinen und euer Medienverhalten im besonderen nehmen können. Gut, sie können euch ganz oder zeitweise den Zugang zu den Geräten – TV, Videorecorder und Computer (Radios, Kassettenrecorder, Game Boys und Bücher sind ja für fast jeden zugänglich) – versperren, und es gibt zu Hause vielleicht Verbote, die eingehalten werden müssen. Aber es gibt Freunde und Bekannte, bei denen und durch die man/frau jederzeit an das erwünschte Medium kommt.
Wohl oder übel kommt daher man/frau ab ca. 13 zunehmend in die Situation, selbst Entscheidungen fällen zu müssen und sich darüber klarzuwerden, ob irgendeines der sogenannten »Neuen Medien« es wert ist, dafür alle freie Zeit zu opfern und regelrecht davon süchtig zu werden. Nur deswegen stundenlang z. B. vor dem Fernseher zu hängen, durch die Kanäle zu zappen und ab und an ein Video einzuwerfen, weil es die Eltern nicht wollen, kann ja auf Dauer keine Motivation sein, oder?
Es wurde im übrigen bei jedem neuen Medium von entsetzten Erwachsenen der Untergang der Kultur heraufbe-

schworen, und vielleicht ist ja in allen diesen Ängsten jedes Mal ein Stück berechtigte Angst dabei. Denn klar ist, daß sich bei jeder Änderung des Medienverhaltens jeweils ein Stück Leben ändert – das macht angst, das verunsichert –, aber es ist auch aufregend! Es ist eine Besonderheit unseres Jahrhunderts im allgemeinen und der letzten Jahrzehnte im besonderen, daß in sehr kurzer Zeit eine Vielfalt von Medien die privaten Haushalte erobert hat, d. h. unter anderem, daß (fast immer) die Eltern eine andere Medienkindheit hatten als ihre Kinder und als die Enkelkinder sowieso. Es gab also für jede Elterngeneration die Verunsicherung, daß ihre Kinder mit Medien aufwuchsen und -wachsen, die sie als Kinder nicht kannten.

Stellt euch vor, ihr wäret Eltern . . .

Versucht euch zum Beispiel einmal vorzustellen, was ihr als Eltern machen würdet: Würdet ihr für eure Kinder die Zeit einteilen, die sie vor dem Fernsehgerät – mit oder ohne Videorecorder – verbringen dürfen? Oder habt ihr Vorstellungen davon, wie lange ein Kind in welchem Alter mit einem – oder am besten seinem? – Computer beschäftigt sein sollte? Vielleicht werden eure Kinder gar nicht mehr einen Spielfilm auf Video sehen, sondern per Computer in simulierten Welten selbst die Hauptrolle spielen wollen?
Ich zum Beispiel bin nach dem Zweiten Weltkrieg in Deutschland geboren worden, und die Medien meiner Kindheit waren das Radio und die Bücher. Ab und an gab es im

Kino einen Film, der als für Kinder »geeignet« angesehen wurde (Märchenfilme und »Bambi«). Als ich etwa 13 war, hatten wir auch einen Fernsehapparat, hauptsächlich, damit mein Vater die Fußballweltmeisterschaften sehen konnte.
Zu dem Gebrauch dieser Medien hatte ich damals ziemlich genaue Vorstellungen, die ich grob so zusammenfassen kann: Ich fand, daß dreizehnjährige Teenager selbst am besten wissen, was sie sich an »Medienkonsum« zutrauen und zumuten können.
Und heute bin ich mir auf einmal unsicher, ob die Teenager der 90er Jahre das auch können?

Wie viele Medien braucht ein Kind?

Gar keine! Ich denke, das, was wir heute umgangssprachlich unter Medien verstehen, vom Buch bis zum Computer mit CD-ROM, ist nicht lebensnotwendig. Die Menschheit ist früher auch ohne ausgekommen.
Einige Eltern und Pädagogen (z. B. Anhänger der Waldorf-Pädagogik) haben daraus den Schluß gezogen, daß Kinder zwar mit Buch, aber ohne alle anderen Medien aufwachsen sollten.
Andere wollen wenigstens den Kleinkindern eine medienfreie Vorschulzeit sichern. Dabei ist es auffallend, daß die Diskussion um Kinderschallplatten bzw. -kassetten (und heute CDs) weitgehend abgeflaut ist. Für die meisten sind Kassetten im Kinderzimmer heute selbstverständlich: Vom Kinderlied bis zum anspruchsvollen Hörspiel können sich

schon sehr kleine Kinder ihr eigenes Hörprogramm zusammenstellen.
Als die heute 13jährigen etwa drei Jahre alt waren, waren Kassetten für Kleinkinder noch sehr umstritten, und zwar insbesondere, weil befürchtet wurde, daß die Eltern nicht mehr mit ihren Kindern singen und tanzen würden, daß sie sich nicht mehr hinsetzen würden, um sie auf den Schoß zu nehmen und ihnen Geschichten zu erzählen.
Und in der Tat ist eine Kassette ja kein Ersatz für etwas, was man zusammen macht. An diesem Beispiel kann man eine ganze Menge von Ängsten und Befürchtungen aufzeigen:

1. Angst: Das Medium ersetzt die Beziehung zwischen Menschen

Wenn zum Beispiel die Mutter ihr Kind auf dem Schoß hat, mit ihm Fingerspiele macht und dabei Reime aufsagt: »Das ist der Daumen, der schüttelt die Pflaumen . . .«, dann sind dabei viel mehr Sinne angesprochen, als wenn ein Kind allein eine Kassette hört: Es riecht und fühlt und sieht seine Mutter; die Finger werden angefaßt, gedeutet: *Das* ist der Daumen . . . Der Reim wird wiederholt, langsamer oder schneller, wie es dem Kind entspricht. Das alles resultiert in dem Gefühl des Kindes: Ich bin nicht allein, jemand ist ganz für mich da, ich bin wichtig, das fühlt sich gut an.
Kaum jemand wird ernsthaft behaupten, es wäre für ein Kleinkind besser oder auch nur genausogut, allein vor einem Kassettenrecorder zu sitzen.

Nur – ist es zulässig, über Vor- und Nachteile von Kassettenrecordern nur so zu diskutieren, daß man unterstellt, sie würden ein schlechter Ersatz für etwas Besseres sein? Schließlich ist es ja auch denkbar, Kinderkassetten zusätzlich anzubieten.

2. Angst: Das Medium ersetzt ein anderes Medium

Bei jedem neuen Medium wurde erwartet und befürchtet, daß es ein älteres ersetzt oder verdrängt: z. B. das Buch die kindlichen Spiele mit und ohne Spielzeug, das Kino das Theater, das Radio das Konzert; das Fernsehen das Kino; alle audiovisuellen Medien die Bücher, das Computerspiel das Gesellschaftsspiel; die CD-ROM die Lexika und/oder die »normalen« Computerspiele.
Zum Teil waren diese Befürchtungen gerechtfertigt. Zum Teil wurden anfängliche Horrorvisionen nicht bestätigt – aber es gab neue Komplikationen.

3. Angst: Das Medium macht süchtig

Die einfachste Definition einer Sucht ist die, daß man nicht mehr aufhören kann: zu essen, zu trinken, zu rauchen, zu spielen, zu sehen, zu hören usw. Nun scheinen viele »Neue« Medien zu diesem Suchtverhalten zu führen. Es fällt Kindern – und Erwachsenen – schwer, wieder aufzu-

hören. Das Zappen über die Kanäle ist ein Volkssport geworden. Selbst wenn eine Sendung schlecht ist, wird nicht das Gerät ausgemacht, sondern ins nächste Programm gezappt. Offensichtlich besteht ein Teil der Faszination im Medium an sich, unabhängig von den Inhalten. Durch Kabel- und Satellitenfernsehen ist inzwischen in viele Haushalte eine solche Vielfalt von Programmen eingezogen, daß jeder Fernsehsüchtige Tag und Nacht auf seine Kosten kommt. In manchen Haushalten läuft das Gerät rund um die Uhr. Viele Kinder haben ein eigenes Gerät in ihrem Zimmer, und manche haben schon ein oder zwei Stunden geschaut, bevor sie in die Schule kommen. Abgesehen davon, daß bei einem völlig freien Zugang rund um die Uhr jedes Jugendschutzgesetz reine Makulatur bleibt, sind die am späten Abend gesendeten Programme, die eindeutig gewaltverherrlichend oder pornographisch sind, eventuell nicht das Schlimmste, was man sich – auch als Erwachsener – antun kann: Die ständige Berieselung mit Werbung führt zu einem nur auf das Oberflächlich-Äußerliche gerichteten Weltbild, und wer ständig seichte Serien schaut, arbeitet an seiner eigenen Verblödung. Je mehr Zuschauer dümmliche Sendungen schauen, desto mehr werden davon produziert, weil es kaum noch ein anderes Bewertungskriterium gibt als Einschaltquoten. Eigentlich müßte man dazu aufrufen, möglichst viel TV zu schauen – und zwar die guten, kritischen Sendungen!
Wißt ihr, was mit guten und kritischen Sendungen für Kinder und Jugendliche geschieht? Zuerst kommen sie auf einen Sendeplatz, wo ziemlich sicher ist, daß wenige Kinder zuschauen – sagen wir einmal: werktags 14.00 Uhr.

Dann müssen sie mit viel weniger Geld produziert werden als die Sendungen für Erwachsene – ist ja nur für Kinder! Aufgrund des schlechten Sendeplatzes haben sie sehr niedrige Einschaltquoten – und daraus wiederum wird geschlossen, daß man sie gar nicht mehr braucht.
Das bißchen Qualität für Kinder und Jugendliche wird also gestrichen. Diejenigen, die meinen, Kinder dürften gezielt gute Sendungen schauen, haben immer mehr Probleme, diese zu finden.
Und Jugendliche, die auf ihre geistige und seelische Gesundheit achten, haben Probleme, nicht von dem unendlichen Serienschrott überflutet und von seichter Unterhaltung umspült zu werden.
Fazit: Wer selbst bestimmen will, was er/sie sich ansieht, muß ganz schön auf Draht sein! Er/sie muß sich gut informieren und vor allen Dingen eigene Kriterien haben: wissen, was gut ist!
Wer also nicht sein ganzes Leben auf die in unserer Gesellschaft üblichen Medien verzichten will, muß irgendwann den Umgang damit lernen, damit er oder sie den Manipulationen der Medienmacher nicht hilflos ausgeliefert ist.

Die Computer

Die »Neuen« Medien, die mit dem Computer zusammenhängen, von den Computerspielen bis zum Lexikon auf CD-ROM, sind eigentlich etwas völlig anderes als ein TV- oder Hörfunkprogramm. Ebenso wie bei CDs, Kassetten

und Videos entscheidet man / frau selbst, womit man / frau sich beschäftigt.
Ob es der allen gemeinsame Bildschirm ist, der ihre Ähnlichkeit ausmacht?
Gemeinsam ist den hier angeführten Medien, daß sie in der Regel allein genutzt werden. Das kann dazu führen, daß Menschen – nicht nur Kinder und Jugendliche – sich mehr mit diesen Medien beschäftigen als mit anderen Menschen. Dadurch verlieren sie den Bezug zur Wirklichkeit. Und wenn das Computerspiel oder das TV-Programm sich z. B. in phantastischen Welten abspielt, dann erfährt Mensch – in der Regel – nichts, was ihm in seiner richtigen Welt weiterhelfen könnte.

Selbst bestimmen

Ihr müßt selbst bestimmen, wer ihr sein wollt: jemand, der von der Auswahl des Lesestoffes bis zur Computersoftware, von der CD bis zur CD-ROM *entscheidet,* womit er seine Zeit verbringt, und darauf achtet, daß genügend Zeit für Freunde bleibt und für Tätigkeiten, zu denen kein Medium notwendig ist – oder jemand, der sich zum Gefangenen jeder modischen Medienströmung macht.
Wer klug ist, findet auch den Knopf zum Abschalten!

Gerhard Tulodziecki

Medienerziehung als Entwicklungsaufgabe

Zur Anregung und Unterstützung eines sinnvollen Mediengebrauchs

Die Medien sind zu einem selbstverständlichen Bestandteil der Lebenswelt von Kindern und Jugendlichen geworden. Die Palette der Medien reicht von Presse, Rundfunk und Film über Ton- und Bildträger verschiedener Art bis zu Bildschirm- und Videotext, Kabel- und Satellitenfernsehen, Computer und Multimedia. Auf der Basis des Grundsatzes der Informations- und Meinungsfreiheit bieten die Medien ein weitgefächertes Programmangebot von Nachrichten und politischen Magazinen über Dokumentar- und Spielfilme bis zu simulierten Gewalt- und Horrorszenarien.

Dabei werden die Präsentationstechniken immer noch weiter verbessert, z. B. durch die Entwicklung von hochauflösendem Fernsehen, größeren Bildschirmen und dreidimensionalen Gestaltungen, z. B. in Form von künstlich erzeugten Räumen.

Die Medienlandschaft und ihre Entwicklungstendenzen stellen eine Herausforderung für Erziehung und Bildung dar.

Man muß annehmen, daß sich ein persönlichkeits- und gesellschaftsfördernder Umgang mit den Medien nicht von selbst ergibt, sondern der Unterstützung durch Eltern, Erzieherinnen und Erzieher sowie Lehrerinnen und Lehrer bedarf.

Vor diesem Hintergrund sind u. a. folgende Fragen interessant:

a) Wie läßt sich die Mediennutzung aus erzieherischer Sicht deuten?

b) Welche Vorstellungen zum Umgang mit Medien sind in der Medienerziehung entwickelt worden?

c) Welche Aufgaben stellen sich für die Medienerziehung in Familie, Kindergarten und Schule?

Diese drei Fragen sollen im folgenden behandelt werden.

1. Medienerziehung aus erzieherischer Sicht

Die Medienwelt und die damit gegebenen – und nicht gegebenen – Erfahrungsmöglichkeiten für Kinder und Jugendliche stellen eine wichtige äußere Bedingung für die Mediennutzung dar. Diese äußere Bedingung tritt beim Medienhandeln in eine Wechselbeziehung mit inneren Voraussetzungen der Kinder und Jugendlichen.

Um dies zu verdeutlichen, gehe ich von folgender Alltagssituation aus:

Ein Jugendlicher – ich nenne ihn einmal Uwe – schaut nahezu jeden Abend eine Sendung des Vorabendprogramms an – am liebsten Serien, die eine Mischung aus Krimi und Action mit Komikelementen darstellen. Als Uwe sich eines Abends zum Fernseher begibt, kommt die Mutter hinzu und sagt, daß sie heute abend unbedingt einmal die aktuelle Regionalsendung im 3. Programm anschauen möchte, weil sie sich für die Tagesereignisse interessiere und es gut fände, wenn Uwe dies auch täte. Wie wird Uwe reagieren?

In diesem Beispiel ist die Absicht von Uwe, eine Folge aus einer Vorabendserie anzuschauen, zunächst einmal *situationsbedingt.* Da seine Lebenssituation offenbar zur Zeit des Vorabendprogramms keine anderen interessanten Handlungsmöglichkeiten bietet und ein Fernsehgerät zur Verfügung steht, hat er sich angewöhnt, das Vorabendprogramm anzusehen.

Des weiteren ist das Anschauen des Vorabendprogramms *bedürfnisbedingt.* So mag die Vorabendserie bisher verschiedenen Bedürfnissen von Uwe entsprochen haben und damit für Uwe bedeutsam geworden sein. Solche Bedürfnisse und ihre Befriedigung lassen sich in Anlehnung an den amerikanischen Psychologen Maslow wie folgt beschreiben:

– Bedürfnis nach Sinneserregung: Beispielsweise führt die aktionsreiche Darstellung in Vorabendserien möglicherweise schon im Bereich der Wahrnehmung zu einer – als angenehm empfundenen – Sinneserregung.

– Bedürfnis nach Sicherheit und Orientierung: Das immerwiederkehrende Grundmuster von Vorabendserien und das Vertrautsein mit den Hauptpersonen erleichtern die Orientierung. Das Wissen um den guten Ausgang gefährlichster Situationen kommt dem Sicherheitsbedürfnis entgegen.
– Bedürfnis nach Zugehörigkeit und Liebe: Durch Identifikation mit Hauptdarstellern hat Uwe möglicherweise »Anteil« an der Zuneigung, die diesen im Film zuteil wird. Außerdem kann das Bewußtsein, daß viele Gleichaltrige die Serie ebenfalls sehen, Zugehörigkeitsgefühle vermitteln.
– Bedürfnis nach Achtung und Geltung: Auch dieses Bedürfnis kann durch Identifikation mit den Hauptdarstellern angesprochen werden. Durch »Sich-Hineinversetzen« in die Hauptdarsteller »erfährt« Uwe unter Umständen die Achtung und Geltung, die diese im Film genießen.

Die Reaktion von Uwe in der obigen Alltagssituation wird allerdings nicht nur von seiner Lebenssituation und seiner Bedürfnislage, sondern auch von seinem *Kenntnis- bzw. Erfahrungsstand im Medienbereich* abhängig sein. Die Reaktion wird z. B. anders ausfallen, je nachdem, ob Uwe das Muster von Vorabendserien durchschaut und aktuelle Regionalsendungen kennt oder nicht.

Darüber hinaus ist der *Stand des Denkvermögens und der sozialen Orientierung* bedeutsam für die Reaktion. Dies wird erkenntlich, wenn man bedenkt, daß Uwe entscheiden muß, ob er sich dem Wunsch der Mutter fügt oder sich dagegen wendet. Die Entscheidung, sich zu fügen oder zu widersprechen, ist u. a. davon abhängig, wie viele und

welche Argumente Uwe bedenkt bzw. zur Verfügung hat. Je weiter sein Denkvermögen entwickelt ist, um so vielfältiger und differenzierter können seine Argumente ausfallen. Zum anderen ist für die Gewichtung die soziale Orientierung relevant. Soll Uwe beispielsweise versuchen, nur sein eigenes Bedürfnis nach Sinneserregung durchzusetzen, oder soll er den Wunsch seiner Mutter berücksichtigen? Wird er vielleicht nur einlenken, weil er hofft, daß ihm die Mutter beim nächstenmal auch einen Gefallen tut, oder geht es ihm generell darum, die Mutter nicht zu enttäuschen? Nutzt er vielleicht sogar die Möglichkeit, um allgemeine Regeln des Fernsehverhaltens mit der Mutter zu diskutieren? Je nach dem Stand seiner sozialen Entwicklung wird Uwe andere Gesichtspunkte für seine Reaktion und Argumentation als wichtig ansehen.
Für das spätere Handeln sind darüber hinaus die *Folgen der gewählten Handlungsmöglichkeit* wichtig. Wenn sich Uwe in unserem Beispiel entschließt, auf die Vorabendserie zu verzichten und das aktuelle Regionalprogramm anzuschauen, kann ein solches Verhalten positive oder negative Folgen haben. Eine positive Folge könnte z. B. ein Lob seiner Mutter sein, eine negative Folge z. B. das Unverständnis von Freunden, die am nächsten Tag möglicherweise mit Uwe über die Vorabendserie reden möchten. Je nach den Folgen wird das gewählte Verhalten für die Zukunft wahrscheinlicher oder unwahrscheinlicher.
Faßt man die obigen Überlegungen zusammen, kann man sagen, daß für das Handeln im Medienbereich folgende Bedingungen wichtig und aus medienpädagogischer Sicht in besonderer Weise zu beachten sind:

– die Lebenssituation der Kinder und Jugendlichen,
– die Bedürfnisse,
– der Erfahrungs- und Kenntnisstand,
– der Stand des Denkvermögens und der sozialen Orientierung,
– die Folgen des Medienhandelns.

Die damit herausgearbeiteten Bedingungen und Zusammenhänge sind nicht nur in Konfliktfällen bei der Mediennutzung wichtig, sondern auch für die Wahrnehmung und Verarbeitung von *Medieninhalten*.

Beispielsweise wird sich ein Jugendlicher, dessen außermediale Lebenswelt die Chance bietet, seine Bedürfnisse nach Sinneserregung, Sicherheit, Zugehörigkeit, Liebe und Achtung zu befriedigen, weniger den Medien zuwenden und sich weniger mit »Medienhelden« identifizieren als ein Jugendlicher, der in einer anregungsarmen Umwelt lebt. Des weiteren wird ein Jugendlicher, der direkte Erfahrungen in verschiedenen Wirklichkeitsbereichen hat, mediale Aussagen besser auf ihren Realitätsgehalt prüfen können als ein Jugendlicher mit geringeren direkten Erfahrungen. Auch kann ein Jugendlicher mit einem weiterentwickelten Denkvermögen mit der medialen Informationsfülle besser umgehen als ein Jugendlicher mit niedrigerem Entwicklungsstand, weil er mehr inhaltliche Gesichtspunkte beachten und solche differenzierter handhaben und verknüpfen kann. Schließlich wird ein Jugendlicher mit einer weiterentwickelten sozialen Orientierung durch problematische Verhaltensmuster – wie sie von den Medien zum Teil dargestellt werden – weniger gefährdet sein als ein Jugendlicher mit niedrigerem Entwicklungsstand, weil er Verhal-

tensmuster aus verschiedenen sozialen Perspektiven bedenken kann.
Vor dem Hintergrund dieser Überlegungen stellt sich die Frage, welche Ziele die Medienerziehung anstreben soll und wie diese erreicht werden können.

2. Zielvorstellungen für die Medienerziehung

Erste Überlegungen zur Medienerziehung entwickelten sich zum Ende des 19. Jahrhunderts mit der massenhaften Verbreitung von Schriften aller Art und am Beginn des 20. Jahrhunderts mit der Ausbreitung des Kinofilms. Sie gingen von dem Gedanken aus, daß Kinder und Jugendliche vor möglichen Gefährdungen durch Medien geschützt werden sollten. Dies verwundert nicht, wenn man einmal ein Verzeichnis der in Deutschland gelaufenen Filme aufschlägt und für den Anfang unseres Jahrhunderts Filmtitel folgender Art findet: »Irrgarten der Leidenschaften«, »Saal der sieben Sünden«, »Schamlose Seelen« und »Tragödie eines europäischen Rasseweibes«. Neben dem Gedanken, Kinder vom Kinobesuch fernzuhalten, spielte allerdings auch schon zum Anfang des Jahrhunderts der Gedanke eine Rolle, geeignete Filme für Kinder und Jugendliche zu produzieren und sie an wertvolle Filme heranzuführen. *Bewahrung vor Schädlichem* und *Pflege des Wertvollen* sind damit frühe Leitideen für die Medienerziehung.
Allerdings besteht bei diesen Leitideen die Gefahr, daß

Kinder und Jugendliche nicht zu einer selbständigen Auswahl und Bewertung von Medien gelangen. Deshalb wurde – insbesondere mit der Ausbreitung des Fernsehens in den 50er und 60er Jahren – der mündige Mediennutzer gefordert, der in der Lage ist, Programmangebote angemessen zu verstehen und selbständig zu beurteilen sowie einzuordnen. Dabei wurden Medien als wichtige Instrumente der Information und Meinungsbildung, der Kunst und Kultur aufgefaßt. In diesem Sinne stellt der *mündige Umgang mit Medien* zur *Förderung von Demokratie und Kultur* eine weitere Leitidee der Medienerziehung dar.

Bei diesem Konzept bleibt allerdings das Problem ausgeblendet, daß Medien im gesellschaftlichen Zusammenhang zur Irreführung und Manipulation mißbraucht werden können. Mit Bezug auf dieses Problem entwickelte sich Ende der 60er Jahre die Zielvorstellung, Kinder und Jugendliche zu befähigen, Medien und ihre gesellschaftlichen Bedingungen kritisch zu analysieren und durch selbsthergestellte Medien Öffentlichkeit für eigene Interessen und Bedürfnisse herzustellen. *Kritik* und *Herstellung bzw. Produktion eigener Medien* erweitern damit das Spektrum medienerzieherischer Leitideen.

Die bisher dargestellten Leitideen basieren im wesentlichen auf Annahmen zu der Frage »Was machen die Medien mit den Menschen?« Der sogenannte Nutzenansatz führte zu einer Umkehrung dieser Sichtweise unter der Frage »Was machen die Menschen mit den Medien?« Auf dieser Grundlage kam in den 70er Jahren ins Bewußtsein, daß Mediennutzung als bedürfnisgesteuerte soziale Handlung aufzufassen ist. Kinder und Jugendliche wenden sich mit

ihren Bedürfnissen den Medien zu und interpretieren die medialen Aussagen vor dem Hintergrund ihrer Kenntnisse, Einstellungen und sozialen Bedingungen. In gleicher Weise gilt für die Herstellung eigener Medien, daß sie auf der Basis individueller und sozialer Voraussetzungen zu deuten sind. *Medienverwendung als Nutzung vorhandener Medienangebote und als eigene Herstellung von Medien* im Sinne sozialen Handelns ist demgemäß bis heute eine weitere wichtige Leitidee der Medienerziehung.
Wertet man zusammenfassend das bisherige medienerzieherische Denken unter Berücksichtigung gegenwärtiger und zukünftiger Problemlagen aus, so läßt sich für die Medienpädagogik das folgende allgemeine Ziel formulieren: Kinder und Jugendliche sollen Kenntnisse und Einsichten, Fähigkeiten und Fertigkeiten erwerben, die ihnen ein sachgerechtes und selbstbestimmtes, kreatives und sozialverantwortliches Handeln in einer von Medien durchdrungenen Welt ermöglichen (vgl. Tulodziecki, G., u. a.: Handlungsorientierte Medienpädagogik in Beispielen, Bad Heilbrunn: Klinkhardt 1995, S. 15).

3. Aufgabenbereiche der Medienerziehung

Mit der obengenannten Zielvorstellung sind verschiedene Aufgabenbereiche der Medienerziehung verbunden.

(1) Medieneinflüsse erkennen und aufarbeiten

Der erste Aufgabenbereich der Medienerziehung besteht darin, Kindern und Jugendlichen die Chance zu geben, *emotionale Medienwirkungen, medienvermittelte Informationen und Verhaltensmuster auszudrücken und zu verarbeiten.*

Wie wichtig diese Aufgabe ist, mag unter anderem die Äußerung einer Schülerin bei einer von uns durchgeführten Untersuchung zur Einschätzung des Fernsehens demonstrieren (vgl. Tulodziecki, G.: Medienerziehung in Schule und Unterricht. Bad Heilbrunn: Klinkhardt, 2. Aufl. 1992, S. 71):

»Ich sehe zwar viel fern, doch das kommt nur davon, daß man das Fernsehen überhaupt gebaut und erfunden hat. Wenn es das Fernsehen nicht gäbe, wäre die Welt viel sicherer, denn es gibt Angst und Alpträume, und bei Zombies (die Kinder und Jugendliche sehen) werden sie aggressiv und wollen auch einmal so sein wie Zombies.«

In dieser Äußerung offenbaren sich sowohl gefühls- als auch vorstellungs- und verhaltensbezogene Wirkungen der Mediennutzung. Man spürt geradezu die »Gewalt«, die Kindern durch Medien angetan werden kann.

Für die Medienerziehung erwächst daraus zunächst die Aufgabe, Kindern und Jugendlichen die Möglichkeit zu eröffnen, ihre *emotionale Betroffenheit,* insbesondere ihre Ängste, auszudrücken und damit einer angemessenen Verarbeitung zugänglich zu machen. Dies kann unter anderem durch körperlichen Ausdruck, durch das Malen von Bildern, durch Pantomime, Rollenspiel, eigene Medienproduktionen oder Gespräche geschehen. Beispielsweise

könnten Kinder mediale Gruselerfahrungen durch Herstellen einer eigenen Fotogeschichte verarbeiten.
Neben emotionalen Eindrücken vermitteln Medien *Informationen.* Auswahl und Darstellung dieser Informationen können bei Kindern und Jugendlichen irreführende Vorstellungen von der Realität erzeugen. Ein Beispiel dafür ist das bekannte Phänomen, daß manche Kinder Tiere – etwa Hunde oder Pferde – in ihrem Verhalten völlig falsch einschätzen, weil ihre Vorstellungen nicht durch den realen Umgang mit diesen Tieren, sondern durch Fernsehserien wie »Lassie« oder »Black Beauty« geprägt sind. Dies kann sogar zu einer Gefährdung der Kinder führen.
In diesem Sinne haben Kinder zu vielen Themen, z. B. »Polizei« oder »Afrika«, aufgrund der Mediennutzung unter Umständen irreführende Vorstellungen entwickelt. Eine wichtige Aufgabe besteht deshalb darin, irreführende Vorstellungen zu erkennen, zu korrigieren und im Hinblick auf realitätsgerechte Vorstellungen aufzuarbeiten. Dies kann z. B. bei Themen wie »Polizei« dadurch geschehen, daß Kinder zusammen mit der Lehrerin oder dem Lehrer eigene Erkundungen durchführen und diese mit den medial vermittelten Vorstellungen vergleichen. Dabei lassen sich auch eigene Foto- oder Tondokumente herstellen und mit der üblichen Darstellung in den Medien vergleichen.
Schließlich geht es in diesem Aufgabenbereich um die Aufarbeitung problematischer Verhaltensorientierungen. Dies ist besonders wichtig, weil gewaltsame Konfliktlösungen, wie sie von Medien ständig präsentiert werden, unter Umständen entsprechende Verhaltensorientierungen hervor-

rufen. Wieder kann aktive Medienarbeit bei der Aufarbeitung hilfreich sein. Beispielsweise ließen sich in Foto- oder Videoszenen alternative bzw. gewaltfreie und friedvolle Konfliktlösungen darstellen.

(2) Medienaussagen verstehen und bewerten

Ein *zweiter Aufgabenbereich* der Medienerziehung ergibt sich aus dem Anliegen, Kinder und Jugendliche anzuregen, *Medienaussagen in ihrem Charakter als ausgewählte und bewußt gestaltete Aussagen zu bedenken und zu bewerten.*
Die Bedeutung dieses Aufgabenbereichs zeigt sich nicht zuletzt an der folgenden Äußerung eines Kindes in der erwähnten Untersuchung:
»Es kann auch passieren, daß der, der oft vor dem Fernseher sitzt, nicht mehr ganz klar im Kopf ist. Er nimmt immer, wenn er etwas sagen will, Beispiele aus Filmen.«
So ist es wichtig, daß Kinder und Jugendliche lernen, verschiedene mediale Darstellungen im Hinblick auf die mit ihnen verbundenen Reduktionen von Wirklichkeit einzuschätzen, z. B. Modelle, Bilder, Töne, Texte und nichtverbale Symbole. Darüber hinaus geht es um Unterscheidungen zwischen verschiedenen Grundformen medialer Gestaltung und Vermittlung, z. B. um eine Differenzierung von Bericht und Meinung, Dokumentation und Inszenierung, Information und Unterhaltung, Realität und Fiktion, Aufklärung und Werbung, Instrument und Inhalt. Des weiteren sollen unterschiedliche Gestaltungstechniken

verschiedener Medien bewußtgemacht werden, z. B. Kameraperspektiven und Kamerabewegungen bei Film und Fernsehen. Schließlich geht es um die Unterscheidung und Einschätzung verschiedener Gestaltungsarten und ihrer spezifischen Möglichkeiten und Grenzen, z. B. um die Besonderheiten von Roman, Hörspiel, Fernsehmagazin, Videofilm und Computerspiel.

(3) Medienangebote bewußt auswählen und nutzen

Ein *dritter Aufgabenbereich* der Medienerziehung liegt in der Anregung und Unterstützung einer *durchdachten Mediennutzung unter Abwägung verschiedener Handlungsmöglichkeiten.*

Durchdachte Mediennutzung grenzt sich dadurch vom Medienkonsum ab, daß die Medien bewußt zur Unterhaltung und Information, als Anregung für eigene Aktivitäten und zum Lernen verwendet werden. Daß für diesen Aufgabenbereich eine gewisse Offenheit bei Kindern und Jugendlichen vorhanden ist, zeigen folgende Äußerungen aus unserer Untersuchung:

»Das Fernsehen ist wichtig, denn es informiert. Es unterhält auch, denn es kommen verschiedene Filme für alle Geschmäcker.« / »Manche Sendungen, wie z. B. ›Freizeit‹, geben Tips für die Freizeitgestaltung.« / »Das Fernsehen kann recht lehrreich und informativ sein.« / »Das Fernsehen vertreibt die Langeweile. Denn in Rüthen wird ja sowieso nichts geboten.« / »Ich finde manche Sendungen total blöde. Da schaut man sich das nur an, weil man nicht weiß, was man machen soll.«

Für eine sinnvolle Nutzung von Medienangeboten zur Unterhaltung und Information, zum Lernen und als Anregung für eigene Aktivitäten kommt es zunächst darauf an, daß Kinder und Jugendliche lernen, Medienangebote überlegt auszuwählen. Dies kann auf der Basis gemeinsamer Überlegungen mit Eltern, Erzieherinnen und Erziehern oder Lehrerinnen und Lehrern geschehen.

Dazu ist es wünschenswert, daß Kinder und Jugendliche überhaupt erst einmal ein – gegenüber dem üblichen Medienangebot – alternatives Angebot kennenlernen. So können z. B. in Kindergarten, Schule und Jugendarbeit künstlerisch bedeutsame Kinder- und Jugendfilme vorgestellt und besprochen werden.

Darüber hinaus kann es notwendig sein, daß Kinder und Jugendliche nichtmediale Handlungsalternativen zum Medienkonsum erfahren. Daß es manchen Kindern und Jugendlichen an solchen Erfahrungen und Handlungsmöglichkeiten mangelt, haben nicht zuletzt einzelne der oben zitierten Äußerungen gezeigt. Die Äußerungen verweisen darauf, daß bei der Diskussion des umfangreichen Medienkonsums eines Teils der Kinder und Jugendlichen deren Lebenswelt mit in den Blick genommen werden muß, Charakterisierungen wie »Entsinnlichung unserer Lebenswelt«, »Abnahme unmittelbarer Erfahrungsmöglichkeiten«, »Zunahme bloß mittelbarer Erfahrungen« deuten an, daß Medien auch deshalb eine so große Faszination ausüben, weil die Lebenswelt der Kinder und Jugendlichen kaum noch Möglichkeiten unmittelbarer sinnhafter Erfahrungen bietet.

In diesem Punkt ist neben dem Elternhaus, dem Kindergarten, den Jugendorganisationen und den Kulturämtern auch die Schule aufgerufen, auf eine Umwelt hinzuwirken, die unmittelbare Erfahrungen und nicht nur vermittelte Erfahrungen für Kinder und Jugendliche ermöglicht. Dabei sollen Handlungsalternativen erfahrbar werden, die letztlich eine bessere Bedürfnisbefriedigung herbeiführen als der Medienkonsum.
Die Anleitung der Kinder und Jugendlichen zu Sport, Spiel und Feier, zu handwerklichen, künstlerischen und wissenschaftlichen Projekten, zur Mitarbeit bei Vorhaben, die auf eine Verbesserung der Lebensbedingungen in der eigenen Umgebung zielen, muß – im Sinne des Aufzeigens von Alternativen zum Medienkonsum – als eine wichtige Aufgabe der Medienerziehung begriffen werden. Daß die Wahrnehmung dieser Aufgabe im Einzelfall sehr schwierig sein kann, sei allerdings ausdrücklich betont.

(4) Medien selbst gestalten und verbreiten

Eine wichtige Alternative zum Medienkonsum liegt auch in der *eigenen Gestaltung von Medien* als viertem Aufgabenbereich der Medienerziehung. Bei eigener Mediengestaltung werden Kinder und Jugendliche selbst zu Produzenten medialer Botschaften. Mit Hilfe entsprechender technischer Geräte, z. B. Photoapparat, Mikrophon, TonKassettenrecorder, Filmkamera und Videorecorder, gestalten sie eigene mediale Aussagen.

Eigene Mediengestaltung läßt sich mit verschiedenen Orientierungen betreiben. Sie kann grundsätzlich dokumentarisch, fiktional oder experimentell orientiert sein:
– *Dokumentarisch orientierte Medienarbeit* liegt vor, wenn der Hauptzweck darin besteht, bestimmte Sachverhalte oder ein bestimmtes Ereignis innerhalb oder außerhalb der Schule, z. B. eine Schulfeier oder einen Festzug in der Gemeinde, medial zu dokumentieren. Dabei kann es z. B. um eine Ton-, Foto- oder Videodokumentation gehen. Die auditiven, visuellen oder audiovisuellen Dokumente können für die anschließende oder spätere Präsentation und Reflexion bereitgestellt bzw. verfügbar gehalten werden. Dabei ist das Bewußtsein wichtig, daß auch bei dokumentarisch orientierter Medienarbeit nur Aussagen *über* die Realität gemacht werden können und keine unmittelbare Abbildung der Wirklichkeit möglich ist.
– *Fiktional orientierte Medienarbeit* zielt vor allem auf eine Darstellung fiktiver Situationen. So können Schülerinnen und Schüler Bildergeschichten, Videoclips oder Spielfilme produzieren, in denen sie eigene Phantasien und Träume, Wünsche und Hoffnungen, Ängste und Befürchtungen, Probleme und Sozialkritik o. ä. in kreativer Weise zum Ausdruck bringen.
– *Experimentell angelegte Medienarbeit* ist darauf gerichtet, die medialen Gestaltungsmöglichkeiten spielerisch zu erproben und in kreativer Weise in audiovisuelle Produkte umzusetzen. Formen, Farben und Klänge können mit Hilfe fotografischer und elektronischer Möglichkeiten in experimenteller Weise verarbeitet werden.
Insgesamt scheint die eigene Mediengestaltung in beson-

derer Weise geeignet, medienrelevante Kenntnisse, Fähigkeiten und Fertigkeiten zu vermitteln und gleichzeitig den im Abschnitt 1 erwähnten Bedürfnissen Rechnung zu tragen. So können bei der Selbsterstellung von Medien z. B. das Bedürfnis nach Aktion und Tätigkeit durch die geforderte eigene Aktivität, das Bedürfnis nach Orientierung durch die Möglichkeit eigener Planung und Strukturierung, das Bedürfnis nach Zugehörigkeit durch gemeinsame Projekte, das Bedürfnis nach Achtung und Geltung bei der Ausstellung gelungener Produkte aufgenommen werden und Befriedigung erfahren. Darüber hinaus bietet die eigene Mediengestaltung die Möglichkeit, eigene künstlerische Talente im Sinne der Selbstverwirklichung weiterzuentwickeln.

(5) Medien analysieren und kritisch einordnen

Mit den obigen Beispielen wird angedeutet, daß über die eigene Mediengestaltung auch ein Zugang zur Medienanalyse und Medienkritik als fünftem Aufgabenbereich der Medienerziehung eröffnet werden kann.
Des weiteren lassen sich Medienanalyse und Medienkritik dadurch anregen, daß man Kinder und Jugendliche mit *unterschiedlichen Aussagen und Kommentaren zu einem interessanten politischen Ereignis konfrontiert.* Eine solche Konfrontation läßt sich beispielsweise nutzen, um nach Hintergründen der Auswahl und Verbreitung von Medieninformationen zu fragen. Geschieht dies, so ergeben

sich Medienanalyse und Medienkritik »organisch« aus inhaltlichen Fragestellungen. Sie brauchen nicht in »künstlicher« Weise eingeführt zu werden, sondern stehen von vornherein in einem inhaltlichen Zusammenhang.

Ähnliches sollte auch für den *Unterhaltungsbereich* gelten. Beispielsweise könnte eine *Einschätzung* folgender Art – geäußert von einem Jugendlichen zu einer Folge einer Vorabendserie – Anlaß für medienanalytische Überlegungen sein:

»Die Geschichte finde ich super. Überhaupt auf so etwas zu kommen! Sonst läuft immer dasselbe. Ein Mord, ein guter Bulle kommt, und der Fall ist geklärt. Ich finde die Darstellung und die Geschichte gut.«

Eine solche Äußerung legt unter anderem die medienanalytische Frage nahe, wie sich *verschiedene Krimiserien unterscheiden.* Diese Frage könnte in weitere Teilfragen differenziert werden, z. B., wie in unterschiedlicher Weise Spannung erzeugt wird oder wie Gewalttaten dargestellt werden. Bei der Behandlung solcher Fragen lassen sich auch grundlegende Kenntnisse zur *inhaltlichen* und *formalen Gestaltung von Medien als Voraussetzung* für Produktanalysen vermitteln. Beispielsweise kann bei *Filmanalysen* auf Gestaltungsmöglichkeiten durch die Kamera, durch die Inszenierung, durch die Montage und durch den Ton aufmerksam gemacht werden.

Analysen dieser Art lassen sich im Hinblick auf die Frage nach der Situation der Zuschauer weiterführen. Daß für solche *Nutzungsanalysen* durchaus Anknüpfungspunkte bei den Kinder und Jugendlichen vorhanden sind, mag

die folgende Schüleräußerung zu einer Vorabendserie belegen:
»Der Film ist irgendwie das ›Superlativ‹ (Traum). Die beiden Hauptdarsteller streiten sich nie, immer Happy-End. Kindern und Jugendliche träumen vielleicht auch, später einmal so zu leben: viel Geld, kein unlösbares Problem, von Arbeit ist nie was zu sehen.«
Eine solche Äußerung könnte unter anderem Anlaß für eine vergleichende Analyse von »Filmwelt« und realer Lebenswelt sein. *Gegensätze* können herausgearbeitet werden, z. B. Reichtum und Überfluß versus Einschränkung, Abenteuer und Spannung versus Langeweile, Zuneigung und Harmonie versus Abneigung und Streit, Überschaubarkeit versus schwer durchschaubare Komplexität, Happy-End versus ungewisser Ausgang u. ä. Anschließend ließe sich die Frage nach den *Bedürfnissen* diskutieren, die mit dem Anschauen entsprechender Serien verbunden sind. Möglichkeiten zur Verbesserung der eigenen Lebenssituation könnten überlegt werden.
In einem dritten Schritt lassen sich die *Absichten,* die z. B. eine Rundfunkanstalt mit der Ausstrahlung bestimmter Sendereihen verbindet, in die Betrachtung einbeziehen. Bezüge zu den Werbeeinnahmen, die im Falle der Ausstrahlung von Sendereihen des Vorabendprogramms gegeben sind, könnten behutsam eingeführt und auf die institutionellen und gesellschaftlichen Bedingungen und Medienverbreitung erweitert werden. Damit würden Produkt- und Nutzungsanalysen im Hinblick auf *Senderanalysen* und *gesellschaftliche Aspekte* weitergeführt. Sie können auch in Versuche der Einflußnahme einmünden, z. B.

Schreiben an Redaktionen, öffentlicher Boykott einzelner Angebote o. ä.
Die beschriebenen Zugänge zur Medienanalyse und Medienkritik sind nur einige von vielen möglichen. Die Zielvorstellungen reichen bei der Medienanalyse und Medienkritik insgesamt von der politisch motivierten Aufklärung bis zum ästhetischen Anliegen eines vertieften Kunstgenusses.
Zwischen den angesprochenen Aufgabenbereichen gibt es – das wurde bei der Darstellung deutlich – vielfältige Beziehungen. Insofern sind die Aufgabenbereiche nicht als getrennte, sondern als miteinander verknüpfte Bereiche zu betrachten.
Beispielsweise könnten bei einer schulischen Unterrichtseinheit zum bereits erwähnten Thema »Polizei« zunächst vorhandene – unter anderem auch medienbedingte – Vorstellungen bewußtgemacht werden. Danach ließen sich Unterhaltungs- und Nachrichtensendungen im Hinblick auf das durch sie vermittelte »Bild« der Polizei analysieren (Verstehen und Bewerten von Medienaussagen). Dieses »Bild« sollte dann durch Interviews mit Polizisten überprüft bzw. korrigiert werden. Die Interviews könnten mit Kassettenrecordern aufgezeichnet, eventuell durch eigene Fotos oder Videoaufnahmen veranschaulicht werden (eigene Mediengestaltung). Am Ende sollte ein realitätsgerechtes Bild der Polizei erarbeitet worden sein (Aufarbeiten von Medieneinflüssen).
Die Verknüpfung mit weiteren Aufgabenbereichen der Medienerziehung ist denkbar: Andere Medien, z. B. Unterhaltungsfilme, könnten herangezogen werden, um über

den Alltag eines Polizisten zu informieren und gleichzeitig den Informationsgehalt kritisch einzuordnen. Durch die erwähnten Interviews würden die Schülerinnen und Schüler erfahren, daß es für authentische Informationen besser ist, mit den Betroffenen selbst zu sprechen, als sich allein auf Medien zu verlassen (Medienauswahl und -nutzung, Medienanalyse und Medienkritik).

Insgesamt sollten die Möglichkeiten der Medienerziehung in Elternhaus, Schule und Jugendarbeit genutzt werden, um die Kinder und Jugendlichen zu einer überlegenen Mediennutzung anzuleiten und dabei einen wichtigen Beitrag zur Förderung der geistigen und sozialen Entwicklung zu leisten. Allerdings ist eine solche Zielvorstellung nur zu realisieren, wenn die Lebenswelt der Kinder und Jugendlichen – einschließlich der Medienwelt – durch Medienproduzenten und politische Entscheidungsträger verantwortungsbewußt gestaltet wird.

Die Autorinnen und Autoren

Albus, Michael, * 1942, Journalist und Leiter der Hauptredaktion »Kinder, Jugend und Familie« beim ZDF, lebt in Heidesheim bei Mainz

Banscherus, Jürgen, * 1949 in Remscheid, lebt als Schriftsteller in Hattingen

Bofinger, Manfred, * 1941 in Berlin, Cartoonist und Illustrator, lebt in Berlin

Bröger, Achim, * 1944, lebt als Schriftsteller in Sereetz bei Lübeck

Cumart, Nevfel A., * 1964 in Lingenfeld, lebt als Schriftsteller in Bamberg

Engelmann, Reiner, * 1952 in Völkenroth/Hunsrück, Sozialpädagoge, Autor und Herausgeber, lebt in Manubach/Mittelrhein

Frank, Karlhans, * 1937 in Düsseldorf, lebt als Schriftsteller in Vellmar

Friedmann, Herbert, * 1951 in Groß-Gerau, lebt als Kinder- und Jugendbuchautor in Bensheim

Große-Oetringhaus, Hans-Martin, * 1948, Schriftsteller und Mitarbeiter von terre des hommes, lebt in Duisburg

Grosz, Peter, * 1947 in Jahrmarkt/Rumänien, lebt als Lehrer, Autor und Herausgeber in Nieder-Olm

Heyne, Isolde, * 1931 in Aussig/Elbe, lebt als Kinder- und Jugendbuchautorin in Limburg

Neitzert, Lutz, * 1958 in Neuwied, Musiksoziologe, lebt in Neuwied

Petri, Horst, * 1936 in Köln, Facharztausbildung für Neurologie, Psychiatrie und für Kinder- und Jugendpsychiatrie, Dozent und Autor, lebt in Berlin

Preuß, Gunter, * 1940 in Leipzig, lebt als Schriftsteller in Schkeuditz/Sachsen

Rusch, Regina, * 1945 in Hamburg, Journalistin und Kinder- und Jugendbuchautorin, lebt in Frankfurt

Scherf, Dagmar, * 1942, lebt als Schriftstellerin in Friedrichsdorf

Schindler, Nina, * 1946, lebt als Kinder- und Jugendbuchautorin in Bremen

Torossi, Eleni, * 1947 in Athen, lebt als Journalistin und Autorin in München

Tulodziecki, Gerhard, * 1941 in Bochum, ist als Professor für Didaktik und Medienpädagogik in der Lehrerbildung tätig und lebt in Paderborn

Welsh, Renate, * 1937 in Wien, lebt als Schriftstellerin in Wien

Wenke, Gabriela, * 1947 in Wiesbaden, Journalistin, lebt in Mainz

Zitelmann, Arnulf, * 1929 in Oberhausen, lebt als Schriftsteller in Ober-Ramstadt bei Darmstadt